人間力回復宣言

吉村作治
YOSHIMURA Sakuji

SHOUHEIKOU
昌平黌出版会

はじめに

地球が創られて50億年経《た》ちました。人類がその地球上に現れて５００万年。そして私たち新人（クロマニヨン人）といわれる人間がでて２万年余。では最初の人類と我々新人とはどう違うのでしょう。そこが「人間力」という括《くく》りで考えたらいいということでしょうか。

一章で掘り下げますが、「人間力」という概念は大変難しいものです。しかし、人間が動物から分かれて人間の生き方をするときに、根底にあったのはこの「人間力」でした。「人間力」とは平たく言えば人間性すなわち人間が人間らしく、人間として恥ずかしくないように生きるということなんです。

その中心は感情とか感性でしょう。もっと言いますと、センス《感覚》とでもいいましょうか。人間としてやってはいけないことはやらず、人間としてやるべきことをやるということです。しかし人間という存在は、いつも揺れ動いています。何が動くかと言いますと、事の判断基準が動くのです。すなわち心の問題なのです。

心と言いましても心臓ではなく、脳の働きです。と言いますのは、近世の初めまではモノを考える人体の器官は心臓であって脳ではないと考えられていました。ですから「心が動く」とか「心のあるやつだ」とか「心ない人」というような表現が数多くあります。精神を左右するのは心臓と考えられていたのです。

それは古代エジプトに遡《さかのぼ》ります。古代エジプトでは良いことを考えるのも、悪いことを考えるのも心臓と考えられていました。死んだ人がいい人だったか悪い人だったか判定する『最後の審判』では「天秤《てんびん》の儀式」が行われ、死者の心臓と真実の女神マアトの印である羽を天秤にかけて調べ、心臓が重ければその死者は悪人として地獄へ落ちるという考えです。私たちは悪い人のことを「腹黒い」と言いますが、古代エジプトでは「心臓重い」人と言うのです。

そうしたこと全般を私たちは宗教と言います。宗教とは教えを宗とするわけですが、何の教えかと言いますと、「死を怖がらない教え」なのです。人間はどの時代どの地域でも死を恐れます。何が怖いかと言いますと、生きている今が断絶して（死を迎えて）一体それからどうなるのかが分らない。分からないことが不安を生み、不安が恐怖を作るという構図です。よって人間は考えることで生き、生きていることで考えるものですから、恐怖のスパイラルに陥ってしまうのです。それを救うのが本来の宗教なのです。

現在、宗教というものの概念が広がってしまい、救いと称して商行為に走っているものが数多くあり、その被害者もとても多いのです。よって救いとは、死を怖いものではないと教えることにあるという一点で考えれば、詐欺には騙《だま》されずに済むのですが、人間には欲というのが心（脳）の奥底に潜んでいて、ついつい騙されてしまうのです。よって本当の宗教とはその人の生き方を教示するだけのもので、対価を求めないのが通常の宗教活動なのです。

ですから宗教とはこの世、そして死後の生き方の道理であるとか原理を指し示すことなのです。この「理」という漢字は、「岩の割れ目」のことを表していて、いわゆる「筋」です。筋が通るとか通らないという使い方が正しいわけです。

古代エジプト人は、この世で死んでもあの世で生き返ればいいと考え、あの世を発明したのです。おそらく「あの世」は、人類にとって、歴史上、最高の発明だと思うのです。そしてあの世の住人を「神」と名付け、自然の活動を全てその神の活動としたのです。ですから現代人のように自然災害を「災害」としてではなく、人間への警告とか戒めと考え、災害を含めて神の意思を示した活動としたのです。そこで、人間は神に懲らしめられないために日々の生活を正しくしなければならないと考えたのです。

よって、人間が人間らしく生きるということは何だというのが示されたのです。しかし、今の日本人や世界の人々はどう見ても正しい人間として生きていないと思うのです。そんな気がしてなりません。ですから、私は勝手ながらこの『人間力回復宣言』を著したわけです。

この後、六章にわたってどうして人間力を持たなければならないかを歴史的にひもといていきますので、最後まで読んでください。

人間力回復宣言　目次

第三章　古代エジプト人の人間力の考え方

第四章 母・米子の人間力の考え方

第五章 負の人間力

第六章　人間力回復宣言

第一章

人間力とは

1　人間力とは

「人間力」という言葉は、深く考えるととても難しい言葉です。「人間」という言葉だけを考えると何となく分かりますが、その本当の意味は分からないのです。しかも自分のことを考えても「人間」の概念は分かるのですが、それに「力（りょく、ちから）」をつけると分からなくなってしまいます。

素直に「力」を「ちから」と考えるならば、50キロのものを持ち上げるとか故障した車を引っ張ったり押したりする力のことといえますが、そんなことを指しているのではないことは誰でも分かるでしょう。

しかし、ちょっと考えてみますと、「人間力」というのは「人間が人間らしくしようと考えて行動する」ということであることが分かります。しかし、「人間らしく」というのが少し難しいかもしれません。

人間には良い面も悪い面もあります。両方とも人間らしいのです。しかし、悪い面をわざわざ言うわけもありませんから、良い面を言っていることは自明の理です。よって、「人間力」とは「良い人柄を示す人間性を発揮する力」と言っていいでしょう。すなわち、「人間力」とは「人間性、しかもいい方の人間性のことを言う」ということが言えるのです。

さて、「人間力」を考える前に「人間」について考えてみましょう。「人間」とは辞書を引くと、「地球上で最も知能の発達した動物で、二足歩行をし、手を自由に動かし、火を作ることが出来、言葉を話す存在を言う」というのが第一義で出ています。

すなわち、人間とは、鉱物（地球に存在する無機物）とは違い、また、動物と植物（有機物）とも違う存在であるということです。無機物とは生活機能を持たないもので、炭素を含まない水、空気、土、鉱物のことをいい、有機物とは生活機能を持つもので、有機化合物、炭素を主な成分とする化合物（動植物の身体）のことを指します。人間は人間としてそれらとは全く違う存在である意識を持つべきなんです。

人間は漢音では「じんかん」と発音します。仏教用語では「世間、この世、俗世」のことを表し、この中には三善界すなわち阿修羅《あしゅら》界、人間界、天上界があり、同時に三悪界つまり地獄界、餓鬼《がき》界、畜生界があります。こうした人間のことを研究する学問を人間科学といいます。人間学と言ってもいいですが、人間に関わる諸事象を探究する科学で、言語学、人類学、精神医学、精神分析心理学、社会学、脳神経生理学など、自然科学の手法を用いて人間に関わることを分析する学問です。

ヒューム（デビッド・ヒューム。18世紀のイギリスの哲学者・歴史家、政治および経済思想家。著書に『人性論』などがある）は道徳哲学、サン＝シモン（アンリ・ド・サン＝シモン。18世紀後半から19世紀前半のフランスの社会主義者。後世のほとんどの社会主義思想の礎となる思想を生みだした）は、生理学と心理学を基礎に人間精神の進歩発展（発達）の歴史を探究しました。そして、人間観としては、理性を持つ超越的な精神的存在で、対象としての人間と探究する主体としての人間の矛盾を研究するものです。

さて、「人間力」について考えてみますと、「人間として好ましい能力を備えたもの」ということになりますが、人として誰に対して好ましいのかと申しますと、自分以外の対象全てに対してです。ですから、たとえ鉱物、水、空気、土、ひいては地球といった無機物に対しても、です。無機物というのは生活機能を持っていない、すなわち心や感情がないものということです。ですから、どんなに人間性を発揮してもその対象物からは何の反応ももらえないということになります。でもいいんです。そういった対象物にも心を向ける必要があるのです。

それに対し、植物や動物、そして人のように、生活機能を持ったものからは反応がもらえるのです。植物や動物は何をしてやっても感謝されないと言う人がいますが、そんなことはなく、全て私たちの活動に必ず多かれ少なかれ反応はあります。その例として山登りの途中で、高山植物を採取してはならないということがあります。もちろん、高山植物は抵抗もしませんし、採取した人に直接、罰を与えることはしませんが、潜在的な罪の意識から、その後の人生で何か影響を受けると思うのです。

その他にもペットと会話する人とか、野生の動物に対しても声を掛ける人がいるとか、花に対しても音楽を聞かせるとか、いろいろな形で動植物とコミュニケーションをとっている人は少なくありません。すなわち、生活機能を持つ存在とは交流できるということです。ましてや、人と人ではたとえ国が違うとしても、その交流は強いものと思います。

しかし、心の交流を含めて人間対人間の問題は深いものがあります。人を殺すとか戦争とかという極限の条件でなくとも、人と人の関係は難しいのです。生まれたばかりの赤ん坊は無心というか、無垢《むく》です。しかし、人は年をとると荒波にもまれて徐々に悪に染まっていきます。すなわち、心の中に悪の贅肉《ぜいにく》がたまるわけです。「心のメタボ」といっても過言ではありません。それは犯罪性の高いものから、ただ単に他人の心を傷つけて終わりというものまで様々です。

例えば復讐《ふくしゅう》のための殺人から、他人へのいわれのない誹謗《ひぼう》中傷、他人の物を盗むといったものまで幅が広いわけです。スリとか置引き、万引きといった軽い気持ちや、出来心でやってしまうものも入れるとかなり多くなると思いますが、基本的な心の痛みなどは、当事者は気付いていないのかもしれません。

2 罪の意識

世の中には、軽い気持ちで犯してしまう罪の意識の低いものもあります。セクハラやパワハラ、そして子供のいじめなどがそれでしょう。何かこう書いていても心が詰まるというか、やるせない気持ちになっていきますが、日々、新聞やテレビのニュースになる犯罪の根本になっているのです。ですから、このようなことは心の贅肉というより、心にできた悪性の腫瘍と言ってもいいかもしれません。すなわち心の中にがんができたという表現が適切なのかもしれません。

それらに対してもう少し軽い、いわゆる贅肉程度のものとして、悲しい、怒る、恨む、やっかむ、嫉妬《しっと》する、軽蔑する、侮辱する、媚《こ》びる、誇張するといった心の病でも比較的、軽いものや、それより軽いもの、すなわち悲しい、心配する、緊張する、恥ずかしい、不注意、挫《くじ》ける、反抗するといったものまで、いわゆる負の心の状況があります。

こうしたものは「心の贅肉」で、これらの治し方は心のがんに比べて治しやすいと思うのです。私は太っていますので痩せる方法に苦労しています。痩せる方法は、「即、食べる量を減らすことだ」とお医者さまに言われていますが、なかなかうまくいかないのも事実です。しかし、太っているからといって他人に迷惑を掛けているわけじゃないという自己弁護があるため、なかなか、痩せられないのです。こういう心境が悲しいとか恥ずかしいとか心配するとか、不安になるといった感情、いわゆる心の贅肉を取る妨げになっているのかもしれません。

ですから、人間は他人に人間力を示すとか考える前に、自分自身に自分で人間力を発揮できるかがポイントなのです。人間は他人に醜さを見せる前に自分自身の中に、気付いているか否かは別として、人間力を失っている場合が多いのです。というわけで人間力がある人には一定の資格があるのです。それは、それなりの地位、見識を持つもの、望ましい人物を指すなどいろいろとあります。ですから人間とか人に関連した言葉に、人間性とか人間的、人間は、といった良い人間についての言葉がありますが、悪い人間に関連した言葉は接頭語として悪をつけて済ませています。

素直な人間は本来、生まれながらにして良い人間であると考えているわけです。いわゆる性善説に由来しているのです。確かに人は生まれた時には何も思うことなく、無心の状態でこの世に出てくるわけです。そして人生を歩んでいる中で、塵《ちり》や芥《あくた》が身に付き、どんどん良き人間性を失っていくのです。もちろん、この間に良い方向に向かう人もいますし、もしかするとこっちの方が多いのかもしれませんが、ともかく人生経験を積むと、人は変わっていくのです。経験や体験で人が変わることを恐れていては、人生をつくることができませんし、人生で出会う経験が、良いものか悪いものかの判断は、その折々にはつかない場合の方が多いと思います。

古代エジプトでは、悪事を働くということは「心の隙間に悪魔が入ってしまった」と表現します。なぜ、悪魔が心の中に入ったかというと、それは心の油断からで、それが入らないようにするにはお香を焚《た》くのがいいと言っています。なかなか、しゃれた表現ではありますが、現在の私たちには本当かなと思えてしまいます。

ところで、人間社会の諸悪の根源は欲だと思うのです。欲望は自己満足と自己中心と表現されますが、それが諸悪の根源ではないでしょうか。ともかく、人間にとって欲望を持つということは「心の隙間に悪魔が入った」と古代エジプト人は表現しましたが、その考え方は全てに当てはまると思います。

これらは全て「負の人間力」と言って良いと思います。もし私たちが真に人間力を養いたいと思うのなら、まずこの「負の人間力」「逆人間力」を重くみないと、良いことだけを言って終わってしまいます。ですから初めに、人には「負の人間力」が実は心に横たわっているのだということを申し上げたいのです。

3 人間力の分析

さて、人間力を分析しますと、

1 肉体的なもの　健康、体力、老化
2 精神的なもの
3 個人的なもの
4 社会的なもの（①法律的なもの　②道徳的なもの）

5　絶対的なもの（超人的なもの、自分ではどうにもできないこと）

に分けられます。また、「人間力」を「人間性」と読み換えてみますと、人間力イコール徳の力ですから、以下のことが言えると思います。

①人間が持つべき資質を支える力（エネルギー）

②人間力は自己のもの（内なる見識とエネルギー：やる気）

③知識欲、向上心、社会適応力

④好奇心、努力、許容（許す）、優しさ

⑤他力でなく自力、利己より利他（ボランティア）

一方、「人間力」を「共感力」「利己と利他」に分けますと以下のような考え方になります。これを「人間術」とでも名付けましょう。

①対外姿勢における術

②相手を受け入れる、認める術

③相手を見極める、判別する術

④相手を気遣う、バランスを考える術

⑤相手に自分を理解させる術

⑥相手に共感を持ってもらう術

以上が分析の結果出たものですが、ここで徳の力について考えます。「徳」とは高い所に上って修行をして身に付いた品性といえます。そしてそういった行いは良き人が行うべきことなんです。

ところで、こうした「人間力」はなかなか難しいと思う人に簡単にできる方法をお示ししましょう。「人生あいうえおの法則」で行動することです。

（あ）愛をもつ
（い）意志をもつ
（う）運をいただく
（え）縁を大切にする
（お）恩を忘れない

こうしてみると、「運」以外、誰でもできる感じがします。ただ、「あ」の愛はエロスの愛ではなく精神的なもの（「アガペー」と言います）で、故郷への愛とか自分の学校や国への愛ということです。

また、人をいろいろな表現で言い換えると以下のようになります。

①身体
②人間
③他人
④民
⑤立派な人
⑥人びと
⑦人柄、人格
⑧人類

そして、これらの人が人らしく、いわゆる良き人間性を発揮すると以下のような概念ができます。

1　やさしさを持つ人
2　義理に感じる人
3　先見性のある人
4　人の見ていないところで善行を行う人
5　人の手柄を取らない人

6　嘘《うそ》をつかない人
7　自分を騙《だま》さない人
8　偽善者にならない人
9　自然を敬う人
10　親を敬う人
11　人のために生きる人、自分のために生きない人、人の役に立つ人になる人
12　好き嫌いがない人
13　人を見抜く人、そのために他人をよく見る人、尺度を作ってそれに当てはめる人
14　人を許す人
15　説得をするのではなく共感を呼ぶようにする人
16　名人無雑（何事にも秀でた人物は混じりけがなく純粋である）、凡人有雑といえる人
17　自分を売り込まない人
18　物事を甘く見ない人
19　脇を固める人

50　謙虚さを忘れない人
51　他人のルーモア（噂話）に惑わされない人
52　自己の尊厳性を保つ人
53　絶えず反省する人
54　怒らない人
55　恥を知る人
56　他人を差別しない人
57　弱者を助ける人
58　自分に酔わない人
59　ひとつひとつ検証をする人
60　恩を忘れない人、裏切らない人

皆さんはこのうちのいくつ当てはまりますか。人間力、人間性を重視し人間力溢《あふ》れた人になるのは大変なことがお分かりいただけると思います。

4 宮澤賢治の人間力の考え方

ここにひとつ、理想的な人間力をもった人の詩がありますので載せておきます。

「雨ニモマケズ」　宮澤賢治

雨ニモマケズ
風ニモマケズ
雪ニモ夏ノ暑サニモマケヌ
丈夫ナカラダヲモチ
慾ハナク
決シテ瞋《いか》ラズ
イツモシヅカニワラッテキル
一日ニ玄米四合ト
味噌ト少シノ野菜ヲタベ

アラユルコトヲ
ジブンヲカンジョウニ入レズニ
ヨクミキキシワカリ
ソシテワスレズ
野原ノ松ノ林ノ蔭《かげ》ノ
小サナ萓《かや》ブキノ小屋ニヰテ
東ニ病気ノコドモアレバ
行ッテ看病シテヤリ
西ニツカレタ母アレバ
行ッテソノ稲ノ束ヲ負ヒ
南ニ死ニサウナ人アレバ
行ッテコハガラナクテモイヽトイヒ
北ニケンクヮヤソショウガアレバ
ツマラナイカラヤメロトイヒ
ヒドリノトキハナミダヲナガシ

サムサノナツハオロオロアルキ
ミンナニデクノボートヨバレ
ホメラレモセズ
クニモサレズ
サウイフモノニ
ワタシハナリタイ

（『新校本 宮澤賢治全集』第十三巻（上）覚書・手帳　本文篇　筑摩書房）

宮澤賢治という人は理想主義者であると同時に実存主義者でもありました。実に多くの発明をしたり、製造業を含めた事業家でもありました。また自分で作ったものを売るための宣伝文も書き販売に力を入れています。一方、詩人でもあり、作家でもあり、鉱物学者でもありました。考えてみますと、ひとつのことができる人は、その方法論を使ってほかのことに応用し、感動させることができるという典型であります。少し褒め過ぎですが、レオナルド・ダ・ヴィンチのような人なのです。しかし、石を拾いながら「雨ニモマケズ」なんて口ずさんでいたなんて想像するだけでわくわくしますよね。私もこういう人でありたいです。

5　古代から学ぶ人間力

地球はこの宇宙にできてから約50億年が経《た》ちます。48億年という専門家もいますが、私たちにとってこの2億年の差は大したことではありません。しかし、人類起源500万年ということを考えると大きな差を感じますが、地球そのものは何も語りません。はじめの10億年くらいは気体だったといわれていますが、私は宇宙学や惑星学の専門家ではありませんからよく分かりません。それから20億年から30億年前にアイスボールと言って地球ごと氷漬けだった時期とか、この地球に生命が誕生したとか、陸地ができたとか、地球上全てが海中にあったとかいろいろあったと思うのです。しかし、やはり人類誕生からが私の興味の対象です。

人類の前に哺乳類が誕生しないといけませんが、そこは生物学の範疇《はんちゅう》です。もっとも、人類が誕生してからもまだ考古学の出番はなく、せいぜい3万〜4万年前の旧石器時代と呼ばれる時代から関係してきますが、考古学という名においては人間が何かをしたというところから考えるべきなんです。しかし、私はこの旧石器時代とか新石器時代もあまりなじめないのです。といいますのは、それらの時代から何のメッセージも読み取れないからです。すなわち生活感、人生感が伝わってこないからなんです。きっと感性が弱いのかもしれませんが、自分の脳の中にそれらの時代の生活風景が見えてこないと分からないというのが正直なところです。人類の歴史といいましても今私たちに伝えられている人類の始まりは猿人で、次に原人が出てきます。

それはピテカントロプスと呼ばれています。おそらく言葉を交わすのではなく、叫び声をあげたりすることで感情を伝えていたことでしょう。今の動物たちと同じようだと思います。もちろん感情はあったでしょう。今のペットだって人間の言葉が分かると信じている人はたくさんいるわけですから。猿人や原人を考えるとき私は生まれたての赤ん坊を想起します。きっと人間は生まれてから人類の歴史を経て現生人類に近づくのではないでしょうか。しかし、人間によって発達の差があり、何歳で現生人類になれるかは不明ですが、ともかく年が経つたびに脳が発達し、知識や経験が知恵をつくり、生き上手になっていくのでしょう。もちろんこの発達論の考えに反対する人もいると思いますが、私は議論する立場ではないのでこのあたりでやめておきます。

ともかく私たち考古学者は、学術的には歴史文書が出てくるまでの時代をやることになっているようですが、私は全く違う意見を持っています。考古学の対象となる時代は、つい今しがたまでというものです。歴史学が文字がないとできないというのは、その文字面から分かりますが、考古学の「古」が文字を表していないとするのはいかがなものかと考えています。「古」の中には古い時代の全てが含まれていると考えています。すなわち古《いにしえ》の人の考え、行動、動作、その結果など全てについて担う学問、すなわち学問のデパートとかゼネコンと言ってもいいと思うのです。文字だろうが絵だろうがモノであろうが、人間が関わった全てのものという意味です。そう考えると旧石器、新石器も十分対象としての資格はありますが、想像力の弱い私はうまくその時代の人たちの脳の中を再現できないのでパスするというわけです。しかし、旧石器時代を専門にしている研究者が、石器のトレースに命を懸けているような姿を見ていますと、研究者としては少し違うんじゃないのと思ったりしますが、私には直接関係はありませんので、議論をするのはやめておきます。

すなわち私が対象としている時代はモノであれ文字であれ図像であれ、人間が考え行動したことを誰かに伝えようとした時に始まるのです。そうしないとその時代の人が何を後世の人に伝えたいのかが分からないからです。ともかくその時代の人たちが、たとえ一部の人たちだけだとしても何かを考え、何をして、どんな感情を持っていたかを知ることは、とりもなおさず私たちが近い未来どうやって生きていけばいいかの指針となるはずです。

そういう意味で、本当の考古学は未来学なのです。対象とする「古」はつい今しがたまでに至るということです。

そんなわけで、考古学というのは建築学であり、美学であり、比較文化学であり、文明学であり、生物学であり、社会学であり、地域学であり……とほとんどの学問分野が入ってきます。しかし、独りの人間がこれらを全てやることは不可能ですから、共同研究、すなわち各分野のスキルを持った研究者とのコラボが必要なんです。文系・理系の共同研究が成り立つわけがここにあるのです。現代の哲学と言ってもいいと思うのです。すなわち考古学というのは、分かりやすい言い方をすれば、学問のゼネコンです。

そうした観点で人間を見ていきますと、特に古代から現代を見ますといろいろなことが分かってきます。古代と現代の人たちとの違いはそう大きくはなく、文明的には電力の有無が大きく関わってきますが、人々の感情はおおむね同じです。例えば人の悪口を言うのは良くないことだと分かっていても、それはとても楽しいことなのでやめられないということや、殺したり傷つけたりするのが悪いことだと分かっていても、仕返しや復讐《ふくしゅう》、敵討ちは認められていた時代もありました。もちろん現代は理由がどうあれそういうことはやってはいけませんが、それでいいのかといつも人々は考えているわけですから心理的にはほぼ同じだと言えます。

また、嘘《うそ》つきは悪いことだと分かっていても、自分を守るためには嘘をつかないとやっていけないというのも現代に通じるものがあります。すなわち、他人に迷惑をかけることは一切だめということです。しかし、その罰し方には違いがあります。古代人の考える罰とは、同情を寄せ付けないひどい犯罪以外、この世では罰はないのです。すなわち、あの世に行って永遠に生きる権利を失うというものです。古代エジプトでもユダヤ教でもキリスト教でもイスラム教でも仏教でも、ほとんどの人はこの世での罪は軽いもので、実際に重い罪とはあの世に行けないこと、つまり復活できないということなのです。

もし本当にこの考えが浸透すれば、犯罪はかなり少なくなりますし、モラル的にも社会を浄化できると思います。実際どの宗教でもその宗教を深く理解・帰依していればいいのですが、現代人、特に若年層の人たちは全くあの世を信じていません。よってこの考えは通用しませんので犯罪がなくならないわけです。

もちろん、若い人と決めつけるのは良くなく、むしろ感情のこもった犯罪は若年層よりしかるべき年齢以上の方が多いという統計もありますので、若年層というより現代人一般といった方がいいのかもしれません。

人間力を考える時、悪いことをしたらどんな罰があるのかというのは抑止力という点で大きな意味があると思います。そのための法律といってもいいくらい現代の法体系はしっかりとしていますが、一向に犯罪は少なくなりません。私は法で裁くという制度に問題があるのではと思うのです。刑を受け、刑期を終えれば無罪と同じことだという考えはむしろ犯罪を増加させているのではないかということです。それを防ぐには人間力の育成以外ないと思うのです。

それとその反対に、正の人間力もとても強いものを古代には感じます。ひとつの例を挙げますと、ピラミッド建設があります。あの巨大な建造物は、とても人間にはできない、宇宙人が造ったに違いないと言い切る人には人間力の存在をいくら説いても無駄ですが、私は人間の心は人間の持っているエネルギーを何倍にも拡大させることができると信じている一人です。世俗的に言いますと、いわゆる「火事場のばか力」ということで、その人が本来持っている力、エネルギー以外のものが、ある条件があると発揮できるということです。それは信心でしょう。いわゆる信仰ですが、それが現代日本では宗教的でよくないという風潮があります。でもこれはとても悲しいことです。神でも何でもいいから信じることで価値観が生まれ、力が出るということは大変いいことですし、人の生きる形としては必要なことなんです。しかし、それが宗教の名のもとに悪用されるため、社会一般として抑圧されているわけです。ですから、王とともにあの世に行けると信じ、自分の何倍もの力を使って石を運び、積むといったピラミッド建設はもうできないだろうというわけです。でも私はまだ望みはあると信じています。

第二章

『論語』における人間力の考え方

1　儒学とは

本学（学校法人昌平黌東日本国際大学）の校是であり、建学の精神である儒学では人間力をどう捉えているかを簡潔に書いてみましょう。

儒学は皆さんもご存じのように孔子さまの教えです。孔子さまは今から約２５００年前の中国の春秋時代に活躍なさった大思想家であり儒教の創始者です。当時、中国は戦乱の世で、各地に群雄がいて一つにまとまることはありませんでした。その中で、人々の幸せを達成するには「人間力」を高め、立派な政治が行われることを願って『論語』なる書物を記したのです。『論語』には孔子さまが信ずる理想的な世の中をつくるためには、どのようにすべきかが書かれています。そして、孔子さまは一貫して正しい考えを学び、それを実践することが世の中を修めるいちばん良い方法であると説き続けました。「儒教」と申しましても神様が設定されているわけではなく、そういう点からは宗教書というより教訓を中心とした思想書です。孔子さまはその書『論語』の中で、「人間力を養うには学びしかない」と言っています。そこで、ここでは孔子さまの言っている学びとはなんであるかを『論語』（以下、引用は金谷治訳注　岩波文庫から）の言葉を借りて説明しましょう。

2 「仁」とは

孔子さまの教えの基本は「仁」です。「仁」という考え方は私たちの使っている日本語の仁とは多少、ニュアンスが違いますが、根本は同義です。「仁」とは他人を思いやるということで、人間にとっていちばん難しいことです。自分なりに相手を思いやっているつもりが、相手に理解されないとか、それだけでなく押しつけがましく受け止められ負担になっているなどという想定外の効果、すなわち逆効果となったりします。特に親子の間ではこういうケースはよくあります。この場合は両方が相手の気持ちを考えず、自分が思った言葉や、やり方が災いするのですが、これは「仁」とは言えないものなのです。どうしてそういうことが起きるかと申しますと、お互いの修養が足らず、独りよがりとなっているからです。お互いがお互いのことを思っていることにかわりはないのですが、相手の気持ちを全く考えていないからです。孔子さまは「仁」をこう表現しています。

「仁遠からんや。我れ仁を欲すれば、斯《ここ》に仁至る（述而第七―29）」（『論語』p.145）その意味は、「仁という考え方は遠くにあるものではなく、自分が真に仁を求めれば、思ったところに現れるものですよ」というようなものです。「仁」は、「あなた次第」だとおっしゃっているのです。

この場合の「あなた」は、相手のことを本当に考えた「あなた」でなくてはならないからです。孔子さまの言葉には深い意味がありますので、注意深く解釈しなくてはなりません。

次に、「剛毅《ごうき》、朴納《ぼくとつ》、仁に近し（子路第十三―27）」（『論語』p.267）――意味は、「心がしっかりしているけど口下手な人こそ『仁』を行う人と言って良いだろう」ということです。一般的に話し上手の人の方が、話をしない人より人に理解され、心情的に共感を呼ぶと思われがちですが、口数が少なくても心の優しい人は多いということです。「雄弁は銀。沈黙は金」（イギリスの思想家トーマス・カーライルの言葉）と同じことです。

しかし、これにも言外の意味があります。話す必要のある時はきちんと説明し、自分が話す必要のない時は黙っていなさい、のべつ幕なしにペラペラ喋《しゃべ》るなということで、会議の時、最初から最後まで黙っていろということではありません。例として2つばかり挙げてみましょう。

「苟《まこと》に仁に志《こころざ》せば、悪《あ》しきこと無し（里仁第四―4）」（『論語』p.71）、「博《ひろ》く学びて篤《あつ》く志し、切《せつ》に問いて近く思う、仁其の中《うち》に在り（子張第十九―6）」（『論語』p.380）――この二言は仁の極意みたいなものです。前文の意味は、「もし人が仁を思い、仁を行えば世の中に悪いことは起きないのになあ」、後者は「何事にも興味を持って心から物事に熱中し、何事にもよく知っている人に問いかけ、その結果を自分のものとするならば、おのずと仁はそういう人に降りて来るでしょう」ということです。

すなわち、「仁」という徳は、「黙って待っていても来るものではなく、自ら努力して求めていかなければ得ることはできない、修行を厳しくするものにのみ降りてくるものだ」ということです。こうした「仁」を自分のためにするには学びしかないとも孔子さまは言っておられます。学びについての言葉を2~3拾いましょう。

3　「学び」とは

「学んで思わざれば則《すなわ》ち罔《くら》し。思うて学ばざれば、則ち殆《あやう》し（為政第二―15）」（『論語』p.42）――意味は、「他人から学んだとしてもそれが学ぶという行為だけで終わったとしたら意味がない。理解しなければ何にも身に付かない。一人でいろいろと考えあぐねていても、その疑問を自分より優れた人に問うて理解しないと身に付かず、時間の無駄である」という意味です。すなわち、他人から学び、自分でそれを考えてこそ初めて自分の考えとなるということです。

「これを知る者は、これを好む者に如《し》かず（雍也第六―20）」（『論語』p.117～118）――この意味は、「あることを知っているだけの人よりも、そのことを好きになっている人にはかなわない。そして、好きになっただけの人より、それを楽しんでいる人の方がもっと優れている」です。一つのことでアップアップして知者のごとく振る舞っても、とても達人とはいえないということなのです。

この他にも学びについての孔子さまの言葉は多くあります。『論語』は全20篇500章から成っているわけですから、それこそ学ぶ対象としては2年や3年の年月を要するほどのものです。そういう点では旧約聖書、新約聖書、コーランに匹敵するものといえましょう。

日本人で孔子さまを知らない人はいないと思いますが、その教えについてはなかなか分かっていないというのが現状でしょう。「礼節を大切に」、とか「親孝行」くらいに留まっているのではないでしょうか。そこで、孔子さまのおっしゃっていることを学ぼうというわけです。

孔子さまの人間論としましては、

「詩経」の学習は人の心を優しくし、情愛を深めさせる。

「書経」の学習は歴史を学び、知識を積み重ねることができる。

「易経」の学習は精神を落ち着かせ思考を深くさせる。

「礼記」の学習は目上の存在を見極め態度が慎重になる。

「春秋」の学習は何事においても正確に記述することができる、と言っています。

すなわち、「詩経」「書経」「易経」「礼記」「春秋」をきちんと学ばないと、人が良いだけの人になるとか、ほら吹きになるとか、非社会的な人間になるとか、礼儀のみにうるさい人物になるとか、物事の推移を詭弁を使って自分が勝つことだけに熱中するという、人間として下級なものになるというのが基本です。

よって、五経といわれている「詩経」「書経」「易経」「礼記」「春秋」を真剣に学ぶことが人間として大成する方法なのだということです。こうした学問を習得した者を「君子」と言うのです。「君子」とはもともと、「君―主人―に仕える人」と言う意味ですが、主人が天子など高貴な人の場合もあるので、その下に仕える人もそれなりに偉い人であるという意味に変わっていったのです。すなわち、孔子さまの時代には「君子」そのものが貴人となっているのです。

孔子さまの教えはその著『論語』の中にも書かれていて、それを学び、理解し、実践することが求められていたのです。しかし、人は時として（人によるのですが）立派なことを知ると、つい無知な人を蔑《さげす》む傾向にあるので、孔子さまはそれを強くけん制していました。

4 孔子さま

孔子さまは春秋時代末、紀元前6～5世紀にかけて活躍した人物です。もともと農民の出で、自己努力で学を修め、貴族の子弟を集めて君子教育を行った人物です。しかし、君子論と言いましても、孔子さまは平和主義者でありますから、武人になるための実践や教育は行っていません。むしろ、治政を平和的というか人徳をもってすべきとの教えが中心でした。もちろん、君子として国を治めるとき、武人としての実践力や精神力は必要不可欠であるので軽んじたわけではないのですが、「武人たる前に文人であるべし」との思想が根底にあったのです。

すなわち、孔子さまは教える相手、君主とか士という身分の人は武人たる性格を持っていることは承知で、その武人的なものを生かしながらも、文人としての心得をしっかり備えるべく教育を施したのです。しかし、武人が学問や美術にのめり込み、国の政治をおろそかにすることは目的とせず、武人は武人らしく振る舞いながら、その中に仁愛や文芸の心を取り入れ、文武相まって人の上に立つことを説いていたのです。

それを一言で「仁者は必らず勇あり。勇者は必らずしも仁あらず（憲問第十四―5）」（『論語』p.271）と表しました。解説するまでもないことですが、「文徳の中には必ず勇者としての心得が存在しているので、君子は必ず勇者でなくてはならないが、武勇に長《た》けるということは必ずしも仁愛を含んでいるとは限らない、だから武人が必ずしも仁愛を重んじるとは限らないのだ」となります。

また、孔子さまは門人から「君子は勇を尊びますか」と尋ねられたとき、「君子、義を以て上と為《な》す。君子、勇ありて義なければ乱を為す（陽貨第十七―23）」（『論語』p.360）と答えています。訳しますと、「君子にとって最も重要なことは道義であり、武勇があっても道義や理がない場合は騒乱を起こすなどの間違ったことをしてしまうだろう」ということです。孔子さまは、闘いよりも平和的に話し合うことを勧めています。今の中国の首脳に聞かせたい教えです。

5 「儒家」とは

もともと、儒学を行う人を「儒家」と言いました。そして、その目標は「君子」を育成することでしたが、「君子」とはどういう人のことを言うのでしょうか。一般的な受け止め方では、「君子」は国を治める人、つまり、「君主」とでも言う人のことかと思いますが、実は語義的には「君の子」ですから、「君主に仕える人のこと」を言うのです。「君子」と「君主」は似ているようで相反するものなんです。ですから、分かりやすく言いますと「官僚」ですね。しかし、これには誰でもなれるわけではなく、王侯貴族階級の出が多かったのです。ですから、「君子」の意味も時とともに変わっていき、若い貴人、貴公子などの意味が出てくるのです。

「君子」とともに中国において重要な位に、「士」がありました。「士」はもともと警察など社会治安を治める官職でしたが、次第に貴人、すなわち「君子」に近くなっていきました。そしてついには「優秀な男子一般」を指すようになっていったのです。最終的には、「君子」と「士」は同義語となったのです。しかし、古代中国の国家は軍事国家でして、常時、敵の動向を油断なく見守っていなければならず、そして、有事の際には普段は官僚や警察官をやっている「君子」や「士」は即座に「軍人」となり、軍を指揮する役目を負わされたのです。ですから、古代中国での儒家はもともと軍人的な要素が重要でした。しかし、その頃（春秋戦国時代末期：紀元前6〜5世紀）、農村から出て民間の儒家として活躍していた孔子さまはそういった風潮に違和感を持っていたようで、折に触れ、軍事力の背景に文治的な素養を要求していたのです。もちろん、弟子たちの出自は王侯貴族の子弟が多かったので軍事的な教育も行っていたのですが、平和的な、特に徳を主たる教義にして教育を行っていたのです。民を制する者は武勇や軍の采配だけできればいいというものではなく、徳を十分備えた指導者であるべきとの考えをいつも出していたのです。もちろん、「士」の本質たる剛胆、沈着、決断という資質をも大切にしていましたが、孔子さまの理想的な弟子は、「徳をもった武人」でした。

『礼記』の儒行篇には、孔子さまが儒家の典型を言っています。

「儒は、博く学んで窮《つ》きず、篤く行なって倦《う》まず、幽居するも淫《みだ》れず、上通するも困《くる》しまず、仁を戴いて行ない義を抱いて処《お》り……（中略）……その剛毅かくのごときもの有り」（『四書五経入門』竹内照夫　平凡社ライブラリー　p.201）と。正しく孔子さまの教育の姿勢です。

孔子さまの君子・士の育成目標は、君子・士たる者の本来の能力としての武人・軍人の素質を持っていることは当然ながら、文人としての素養も必ず必要だと言っています。

時には、諸侯に陣法を問われると、「俎豆《そとう》の事（宗廟の礼法）ならば心得ておりますが、軍旅の事（兵法）は学んでおりません」（『四書五経入門』竹内照夫　平凡社ライブラリー　p.203）と答えたといいます。

すなわち、君子は道義や徳、仁については十分な知識と見識を持っているが、それを欠いて、ただ勇気があるとか軍法に詳しいというのは、ともすれば人と闘うなど問題を起こすことになりかねないというのが孔子さまの考えでした。「文武両道」という言葉がありますが、ひとりの人間が両方の素養を持つことはかなり難しいと思いますが、孔子さまは敢《あ》えて両方の資質を身につけていなければ「君子」と言えないと考えていたのでしょう。

6 子路の質問

弟子の子路が孔子さまにあるとき質問をしました。

「衛君が先生に国政を任せなさるとしたら、まず第一に何をなさいますか」と。それに対する孔子さまの答えは、「ぜひとも正名（衛国における上下秩序の乱れを治めるための、名分の規正）をやらねばならない」というものでした。すると、子路は「これ有るかな、先生の迂闊《うかつ》さかげん。この混乱した国家で、正名などは二の次の事です。〔武力的に粛正することが第一ではありませんか〕」と言いました。それに対して孔子さまは、「だから、なんじは野《や》（がさつ者・野人的）と言われるのだ。君臣上下の名分をただし、秩序をわきまえさせなければ、国政の基礎が成り立たないのだ……」（子路篇）」（『四書五経入門』竹内照夫　平凡社ライブラリー、p.206～207）と言ったのです。

7　学問の楽しさ

「子の曰《のたま》わく、学びて時にこれを習う、亦《ま》た説《よろこ》ばしからずや。朋《とも》あり、遠方より来たる、亦た楽しからずや。人知らずして慍《うら》みず、亦た君子ならずや（學而第一――1）」（『論語』p.19）。これは、『論語』巻第一の學而第一の冒頭のことばです。訳しますと、「先生がいわれた、『学んでは適当な時期におさらいする、いかにも心嬉《うれ》しいことだね。〔そのたびに理解が深まって向上していくのだから。〕だれか友達が遠い所からもたずねて来る、いかにも楽しいことだね。〔同じ道について語りあえるから。〕人が分かってくれなくとも気にかけない、いかにも君子だね。〔凡人にはできないことだから。〕』」（『論語』p.20）というものです。

ここで考えなければならないのは、「なぜ、学んだあとにおさらいするのが楽しいか」ということです。初めのフレーズの「学ぶ」ということですが、学んで何を得るかと言いますと、知識を得るということです。新しい自分が作られるのでとても楽しいのです。しかも、学んだらそれをくりかえして頭に入れることにより、心が広くなるということも示しています。そして次のフレーズ、「なぜ、友人が遠くからやってくると楽しいのか」と言いますと、決して懐かしいからではなく、遠くの（自分の住んでいないところの）情報や知識を得ることができるからなのです。ただ再会して酒を飲んでばか話をするってわけではなく、お互いに向上するために情報交換をするということです。そして、次に、どうして唐突に「人が分かってくれなくとも気にかけない」と書いてあるのでしょう。それは、従来「学ぶ」ということは自分一人の作業です。では、学んだあとどうするかといいますと、学んで知識や見識をモノにしたら、次はそれを他人に知らしめる、すなわち教えることが必要になります。

しかし、自分の意を分かってくれる人はそういるものではありません。実際、孔子さまはたくさんの弟子を持っていましたが、そのうち何人が孔子さまの言うことを理解していたか、孔子さま自身にも分かっていないわけです。ですから、「そういう事態になっても怒ることなく、じっと耐えないといけないなあ」と自分を慰めているのです。ここには、「自分の考え方が悪いのではないか」という自戒の念も入っているのでしょう。ともかくこの『論語』の最初の一文は教育の原点だと思います。

『子曰、巧言令色、鮮矣仁』

「子の曰《のたま》わく、巧言令色、鮮《すく》なし仁。」

（先生がいわれた、「ことば上手の顔よしでは、ほとんど無いものだよ、仁の徳は。」）

（『論語』 p.21）

ここに言う、孔子さまの言葉としての「仁」の本質はこの一句にあると思われます。といいますのは、孔子さまにとっての「仁」は「仁愛」とか「仁徳」といった人の情の表れというより、優秀な人物、非凡な心、男らしさ、まっすぐな言動のことを言っているからです。すなわち、情緒的でなく論理的なんです。優秀な人格というのは、人に対しての愛情が不可欠ではあるが、それだけでは不十分で、政治的に長《た》けているとか、孤独に耐えるとか、強固な意志を持ち実行するといった、社会的な価値のことを言っているのです。そして重要なのは、これを持つ人物は男性でなければならないという点です。今ならセクハラ的発言となるでしょうが、当時の中国の社会では、社会で仕事をする人はよほどの例外を除くと男性のみだったことを知らないと、無味乾燥の議論となることに注意が必要です。

すなわち、孔子さまの言う「仁」の対象は、優秀な男性にのみ使われるということです。そして、当時の男性中心の社会の中で、男らしい謹厳実直な人を多く育てて、社会を良くしようと孔子さまは考えていたのです。「仁」と同じような意味として使ったものに「君子」とか「士」があります。

例えば、

『人不知而不慍、不亦君子乎』

「人知らずして慍《うら》みず、亦た君子ならずや」

（人が分かってくれなくても気にかけない、いかにも君子だね。〔凡人にはできないことだから。〕）

（『論語』p.19～20）

『求仁而得仁、又何怨乎、出曰、夫子不爲也』

「仁を求めて仁を得たり。又た何ぞ怨みん。出でて曰わく、夫子は爲《たす》けじ」

（「仁を求めて仁を得たのだから、また何を後悔しよう。」〔子貢は〕退出すると「うちの先生は助けられないだろう。」といった）


（『論語』p.135）


『君子不憂不懼』

「君子は憂えず、懼《おそ》れず」

（君子は心配もせず恐れもしない）


（『論語』p.227）


『仁者不憂』

「仁者は憂えず」

（仁の人には心配がない）


（『論語』p.183）

『仁者必有勇』

「仁者は必らず勇あり」

（仁の人にはきっと勇気がある）

（『論語』 p.271）


『仁者先難而後獲』

「仁者は難《かた》きを先きにして獲《う》るを後《のち》にす」

（仁の人は難しい事を先きにして利益は後《あと》のことにする）

（『論語』 p.118 ～ 119）


『不仁者不可以久處約』

「不仁者は以て久しく約に処《お》るべからず」

（仁でない人はいつまでも苦しい生活にはおれない。※約とは貧困のこと）

（『論語』 p.70）

などなどです。

8 「仁」の本当の意味

孔子さまは人間にとっての能力のうち、いちばん大切なものは「仁」であることを度々述べています。しかし、「仁」という概念が現代人の私たちにはあまりよく分からないのです。「仁」は「愛」であると言われる方も多くいらっしゃいますが、キリスト教的な「愛」と一般的な愛の違いもよく分かりません。ギリシャ語では、キリスト教的な「愛」を「アガペー」と言い、一般的な「愛」を「エロス」と言います。しかし、一般的な「愛」の中にも「アガペー」のように精神的な「愛」もありますので、「愛」の概念も難しいものがあります。

一方、孔子さまの「仁」にはそれよりももう少し奥深いものがあるように思われます。簡単に申しますと、「全人格において、その人が他の人に比べて傑出している優秀なこと、すなわち英雄的な性格であり、他から尊敬される言動」を指すのですが、ここに「仁」についての興味深いエピソードを紹介しましょう。「殷《いん》の紂王《ちゅうおう》の暴虐に対して、微《び》子《し》は異国へ去り、箕子《きし》は逆らわずに仕え、比干《ひかん》は諫言をして、怒りに触れて死んだ。この三人の生き方について孔子さまは言った、「殷の三仁である（微子篇）」（『四書五経入門』竹内照夫　平凡社ライブラリー　p.216）というものです。三者三様の人生の決断です。結果は違いますが、三人とも自分の「義」に照らし合わせて行動したのですから、孔子さまは「仁者」と認めたわけです。

孔子さまは、結果論的な評価を人間に対してするのではなく、動機の中に「義」があることを評価したのです。今の世でこのような上司はいません。今の世、なかなか志を通す人はいません。せちがらくなった世の中を生きるのは難しいのです。しかも、孔子さまは、この決断をするとき（動機となっている背景に）には知恵と英知、賢明さが必要だと言っています。「義」には「知」が必要なのです。この例として次のようなことがありました。

9　「義」について

子張が問うた、「楚の令尹《れいいん》（宰相）子文は前後三回令尹となった。任命されるとき特に喜びの色を見せず、解任されるとき特に恨む色を見せず、在職中の問題を丁寧に後任者に引き継いだ、ということです。仁と申してよろしいでしょうか」。孔子さまは答えた、「忠実な人ではある。しかし、すぐれて賢知ではなかったようだから、仁とするには不足だ」と、このように孔子さまは断じています。「もし、子文が優れて賢かったとしたら、解任はされなかった」ということなのでしょう。

孔子さまの理想的な「仁ある人物」とは以下の言葉に集約されています。「君子の道、四つあり。その己を行なうや恭、上に事《つか》うるや敬、民を養うや恵、民を使うや義（公冶長篇）」。つまり、「第一に恭であり、人に丁寧である。第二に敬であり、長上を尊重する。第三に恵であり、人民に親切である。第四に義であり、人民を私利のために働かせない」（『四書五経入門』竹内照夫　平凡社ライブラリー　p.218）ということです。これらはなかなかできるものではありませんが、孔子さまはやったのです。勉強になります。「衛国の大臣、孔圉《こうぎょ》は政治家としての才能はなく、行動もきわだって優れていず、判断も早いわけではない普通の人なのに文子という名を与えられている。通常『文』とつく人、例えば『文王』とか『文帝』『文公』という人は、文化や行政としての能力の長けている人につけるのに、何のとりえもない孔圉を『文子』としているのはおかしいと思う」と、孔子さまの弟子子貢が言ったところ、孔子さまは、「孔圉は研究熱心で学問を好み、分からないことがあれば、たとえ相手が臣下であっても恥じらいもなく聞く、そうした好学の精神を持つ人こそ『文』をつけていいのだ」と言われたということです。ちなみにこの孔圉は孔という名がついていても、孔子さまとは縁もゆかりもない人です。

孔子さまの人の見方が一面的でないことは申し上げ続けてきましたが、表面的に見て優秀だとか才人であるかで人を判断するのではなく、その人の心構えから見ていくという点は素晴らしいです。とかく人は人を見るとき、「あの人はできる」とか「あの人は昼行灯《ひるあんどん》だ」とか「愚か者だ」という判断をしがちですが、「評価する相手を判断するときには、表面的とか現実の姿を見るのではなく、その人物の過去や表に出ない仕事や行動を知った上でしないといけない」ということを孔子さまは言っているのです。私たちはとかく現在の役職とか地位に惑わされて人を見ているので、戒めとしてとても重要であると思われます。ただ、その人の背景まで知って判断するのはとても難しいので、この話は、「私たち凡人は他人を評価しようとしてはいけない」ということを言っているのかもしれません。

10 孔子さまの人の育て方

孔子さまが人を育てるときに第一にしたことは、その弟子の欠点や悪いところを指摘するのではなく、長所、いいところ、隠れているが真似のできない美点を見つけ、褒め育てるというところにあります。もちろん第二として、その人が他人から見てもまずい、良くないと思えるところは率直に直すように注意をし、矯正させることもしましたが、おおむね褒めるところに重点を置いています。こう申しますと、「褒めておだてるのが良い教育だ」と主張する人に味方しているようですが、実はそれでは人は育ちません。皆さんは「ほめ殺し」という言葉をご存じでしょう。右翼が街宣車でやっつける相手をやたら褒め倒すときに新聞などで使われる言葉ですが、本当は間違いです。

「ほめ殺し」の本当の意味は、人をだめにするとき、攻撃する言葉で闘うのではなく、褒めて褒めて褒めまくることで、その人がデレッとして何もしないように仕向けることを言うのです。人は褒められると嬉《うれ》しくなり、有頂天になり、努力をしなくなります。心に隙間ができるのです。ですから、人に褒められたときは身を引き締めなければならないのです。しかし、孔子さまが褒めるときは、そこに悪意はないのです。その人の、数少ない「いいところ」を探して探しまくって、そこを褒めるのです。褒められた人は自分でも気づかなかった長所ですから覚醒します。そこからその人の進歩が始まるというわけです。しかし、「ほめ殺し」にならない褒め方ってとても難しいのです。それについて、『論語』では、

「君子成人之美、不成人之悪。小人反是。」
（君子は人の美を成し、人の悪を成さず。小人は是に反す）と書いています。
（『四書五経入門』竹内照夫　平凡社ライブラリー　p.221）

解釈しますと、「他人を評価するときその長所を褒め、欠点は隠してやることがその人を一日も早く立ち直らせることである。これが君子の役割である。だめなやつはこれができない」というものです。

さらに、「その〔人の〕以《な》す所を観《み》、由る所を観《み》、安んずる所を察すれば、人いずくんぞ廋《かく》さんや、人いずくんぞ廋さんや（為政篇）」。というのもあります。（『四書五経入門』竹内照夫　平凡社ライブラリー　p.221 ~ 222）

少し難しいですが、「人を評価するとき、まずその人の行動を見て、その原因を探り、その人がどんなことに対して心を開くかを知れば、その人と一緒に仕事をすべきか否かが分かる」というものです。要するに、人と対峙《たいじ》する時、その態度を早急に決めず、一緒にやろうとする人の行動を観察し、その中からその人の本性を見つけ出すことがいちばん大切で、それができない人は大きなことはできないということです。もっともなんですが、それがなかなかできないんです。

11 『詩経』における学び方について

『礼記』の「経解篇」に、「温柔敦厚は詩の教なり。疏通知遠は書の教なり。潔静精微は易《えき》の教なり。恭倹荘敬は礼の教なり、属辞比事は春秋の教なり」とあります。意味は、「詩経の教えは人心をやわらげ、情愛を深める。書経の教えは歴史を学ぶことで知識を深めることができる。易経の教えは精神を安定させ思慮深くされ、礼記の教えは軽々しくモノを言わなくなる。春秋の教えは物事の原因を学ぶことで正確に判断する能力を会得させる」というものです。この文章はさらに続きます。

「詩の失は愚。書の失は誣《ふ》。易の失は賊。礼の失は煩。春秋の失は乱。温柔敦厚にして而《しか》も愚ならざるは詩に深き者なり。疏通知遠にして而も誣ならざるは書に深き者なり。潔静精微にして而も賊とならざるは易に深き者なり。恭倹荘敬にして煩ならざるは礼に深き者なり。属辞比事にして而も乱ならざるは春秋に深き者なり。」

（『四書五経入門』竹内照夫　平凡社ライブラリー　p.196～197）

これを解釈しますと、「詩経の学び方が足らないとただの愚か者になります。書経の学び方が足らないとただのほら吹きになります。易経の学び方が足らないと世俗から遊離して社会性を失います。礼記の学び方が足らないと儀礼的なことばかりに気を取られ人々から疎まれます。春秋の学び方が足らないと言動に矛盾が出て人々の不評を買います」となります。すなわち、「四書五経をきちんと何回も何回も学び、社会とかけ離れた存在の人間にならないように」ということを言っているのです。よく読んでみますと、「何事も極端だと他人に迷惑をかけ、生きづらくなりますよ」ということなのです。「中庸」が最高の方法ということです。

12 儒学者とは

「儒は、博く学んで窮《つ》きず、篤く行なって倦《う》まず、幽居するも淫《みだ》れず、上通するも困《くる》しまず、……（中略）……仁を戴いて行ない、義を抱いて処《お》り、〔上に〕暴政ありといえどもその所（主義）を更《か》えず……近づくべくして迫るべからず、殺すべくして辱《はずか》しむべからざるなり……その剛毅かくのごときもの有り」（『四書五経入門』竹内照夫　平凡社ライブラリー　p.201）この文は、孔子さまがその君主である魯の哀公に「儒学者はどういう人か」と聞かれて答えたものです。この中に語られていることは、孔子さまの理想とする人柄について述べられたものです。

「儒」を君主と言い換えるとよく分かると思うのです。「君主たる者は、いくら学んでもその極みを求めて学ぶことをやめず、学んだことを実行し、世の中から受け入れられなくても自棄にならず、逆に認められてもいい気にならず、仁を忘れずに実行し、義をいつも心の中に持って、たとえ自分より身分が高いのにきちんとした政治を行わない人がいても自分の考えは変えず、近しい間柄になってもなあなあにならない、そして、たとえ死をもってしても辱められてはだめで、心を強く持って生きる人が君主なんです」

と。ですから、「君主」といっても、その上にもっと大きい国があるとか、主君の下にいる大臣とか、国を統治する人の下で悪いことをする人を取り締まる立場の人全体を指して、「君」とか「君主」と言っているのです。

13 逆は必ずしも真ならず

「仁者は必らず勇あり。勇者は必らずしも仁あらず」。この言葉は、「逆は必ずしも真ならず」という言葉にいちばん適合したもので、孔子さまの一貫した考えです。しかし、一方で、「勇無き仁は無用」とも言っています。また、「人が君子となるには、まず武勇が必要であろう」とも言っています。「人が人を制するには、武力が無ければできない」ということは自明の理なのです。「言い争いで打ち勝っても、一発殴られてしまえばその力は発揮できない」と言うのです。ですから、君子の第一条件は「勇や武」なんです。しかし、それだけで終わってしまったら人はついて来ないと言っています。まず力を見せて人を制し、その後で仁を示すことで、本当の君子と言えるということです。「仁者」というのがどういうことか、他の言から推論してみますと、まず知識があること、世の中のいろいろなことに通じていることです。そして、経験をたくさん積んでいることとです。「経験でものを語るのは愚かである」という考え方もありますが、私はこれは違っていると思います。これも、「逆は必ずしも真ならず」の類いでして、「経験には必ず真実あり、真実は必ずしも経験だけで語るものにあらず」なのです。経験のない論理は空論です。空論は「机上の論」とも言い、無意味なものです。

人は、論を立てることは立てられます。それを実践してこそ、真の成功が始まるのです。もちろん、論も立てずにああだこうだと議論している輩《やから》は問題外としても、論を立ててそれで満足している輩が多いことは皆さんもよく知っているところでしょう。よく言われる「立派な計画は一晩にいくつも語られているが、実行されるのは一つか、いや全くない」という言葉にも表れています。実行してこそ初めて結果が出て、白黒がつくのです。ですから、「失敗は成功のもと」とも言われていますように、実行してこそ成功が導き出されるのです。

しかし、その次が大切なのです。成功して、そこで勝ち誇ってしまっては、「仁」は生まれないのです。「実るほど頭《こうべ》を垂れる稲穂かな」という言葉があるように、成功すればするほど謙虚になることが、「仁者」になる秘訣《ひけつ》です。そうすることで、成功の中にも失敗はあり、失敗の可能性も秘められていることを知ることができます。このことは、「勇」の中のひとつでもあります。「勇」とは相手を力で倒すことだけを言うのではなく、自分の勝ち誇った慢心をも倒すことにあるのです。慢心だけではありません。我欲をも倒さなければいけないのです。

14 ジハード（イスラム教の聖なる闘い）とは

イスラム教のジハード（聖戦）の本当の意味はここにあります。悪魔の声に耳を貸さないことが肝要なのです。これが「仁者は必らず勇あり」のフレーズの本当の意味です。自分のいちばんの大敵は自分の欲や慢心なのです。ですから、「勇者は必らずしも仁あらず」となるわけです。孔子さまの弟子にはよくできる人がたくさんいました。それは、教育者としての孔子さまの力でもありますが、集まってきた人たちの生まれながらの潜在能力の高さも示しています。

私の人間論では、「人は、人としての能力の違いはそれほどなくて、あとはそれぞれの人の潜在能力を師たる者がどれだけ伸ばしてあげられるかにかかっている」というものなんです。その論は孔子さまの人間論からきています。孔子さまは、弟子たちにいろいろな局面で質問を投げかけます。それに対し、弟子は弟子なりに答えます。孔子さまは、ひととおりその答えを聞いてから、その論に評価を下します。そして最後に自分の考えを述べるのです。

日本のリーダーは、初めから自分の意見を滔々《とうとう》と述べ、部下はそれを黙って聞くことが多いようです。もちろん、資本主義の世の中、統率者が自分の資金も命も懸けてやることですから、自分の考える通りになっていいのですが、それでは長続きしません。ひとつは批判をする土壌をつくっておかないと、苗は育たないのです。「批判」とは「非難」ではなく「考えの開示」ですから、本来前向きなものなんです。ひとつのことをする時それに異を唱える人はまずやめるべきですが、やるにしてもそのやり方はいろいろあるはずです。

ですから、統率者がやりたいことをやればいいんですが、やるからにはうまくいきたい、成功したいわけですし、成功するための方法論はいくつかあるはずです。まずそれを出し合うのが大切なんです。最終的には自分が判断すればいいんですから、関わっている人は皆、同志として自分の考えを出せばいいのです。しかし、日本のトップはそれができないのです。その理由は、自分がいちばんいい考えを持っていると思っていること、そして二番目につまらぬ意見を聞くのは時間の無駄だと思っていること、そして三番目には、焦っていて一日でも一時間、一分、一秒でも早くやりたい、そうでないと他の人に出し抜かれてしまうという恐怖感に駆られていることなどがあると思います。

しかし、孔子さまは皆の意見を聞きます。その正解は、多くの場合、皆が思っていることとは違うのですが、時々誰かの言ったことになることがあります。そういう時は褒めます。滅多に人を褒めない孔子さまに褒められることは弟子にとって至福の時でしょう。別に孔子さまは意識的に褒めて弟子のやる気を出させているわけではなく、率直に褒めているのです。

15 孔子さまに褒められなかった人

生涯を通して孔子さまに一度も褒められなかった弟子がいます。その名を子路といいます。子路はもともと下級武士で、孔子さまの徳を慕って弟子入りしたのですが、生まれついた武士気質が変わらず、孔子さまの武力第一主義を嫌う学風になじめずにいつも叱られていた人物です。『論語』によりますと、いつも子路の考えは孔子さまに受け入れられなかったのですが、孔子さまは子路の率直な性格を深く愛していたそうです。また、国の内乱に関与して武人として亡くなったときは非常に深く悲しんだそうです。

かつて、子路が孔子さまからその立場を批判され、若い弟子たちが子路を軽んじたときに孔子さまは弟子たちを戒めて、「由（著者註※由は子路の名）は堂に升《のぼ》れり。いまだ室に入らざるなり（先進篇）」（『四書五経入門』竹内照夫　平凡社ライブラリー　p.207）と言ったと伝えられています。「堂」というのは日本家屋で言えば表屋敷、「室」とは奥の間です。「堂に入る」という言葉はここからきたのです。子路はすでに入門段階を終え、「堂」、つまり表屋敷には上ったけれども、道場の奥の間に入るには至らない。しかし、多くの入門段階の弟子たちに比べれば、子路の人物的価値が高いことは言うまでもないということです。

16 孔子さまの人物論

孔子さまの『論語』の巻第一（學而篇）の初めと巻第十（尭曰篇《ぎょうえつ》）の終わりは対を成していると思います。

「子曰、學而時習之、不亦説乎、有朋自遠方来、不亦楽乎、人不知而不慍、不亦君子乎」

【書き下し文】子の曰《のたま》わく、学びて時にこれを習う、亦た説《よろこ》ばしからずや。朋《とも》あり、遠方より来たる、亦た楽しからずや。人知らずして慍《うら》みず、亦た君子《くんし》ならずや。（學而篇）

（『論語』 p.19）

「孔子曰、不知命、無以為君子也、不知禮、無以立也、不知言、無以知人也」

【書き下し文】孔子曰《のたま》わく、命《めい》を知らざれば、以て君子たること無きなり。礼を知らざれば、以て立つこと無きなり。言を知らざれば、以て人を知ること無きなり。（尭

曰篇）

（『論語』 p.401）

両方とも君子の人物像を示しています。君子とは、学を修め、徳を重ねて立派な人物になった状態を言います。すなわち究極の教育の成果です。ですから、學而篇の方は君子になる導入部で、尭曰篇は完成形です。學而篇の方には初々しさが感じられますし、尭曰篇の方には厳しさが読み取れます。「学びて時にこれを習う」というのは、学んだことを復習することを言っています。そうすることで理解を深め、頭に残るということです。暗記のコツは頭の良さではなく繰り返すことだと言われる所以《ゆえん》です。

また、「朋《とも》あり、遠方より来たる、亦た楽しからずや」と言うのは、別に酒を酌み交わし昔話を蒸し返したり、近々の出来事について話をするのではなく、学友と今学んでいることについて情報交換ができるから楽しいのです。あくまでも「学」を中心に生きている孔子さまらしい言葉です。この後の文章は先の2つのフレーズとそぐわないと思うのですが、「君子になるためには、学を修め、情報を取り交わすだけではなく、自分を知ってもらえない場合も相手をばかにしたり恨んだりしてはなりません」ということで、「亦た君子ならずや」という言葉は前の2つの事柄にも関わってくるのです。「この3つができると君子の仲間入りができますよ」ということです。

しかし、君子となっても運命を感じず、どんな場合でも相手に礼を失するようなことをすれば君子としてはだめで、相手の言った言葉を正しく解釈しなければ人を知ったことにはならない。すなわち、君子となった後、自分の境遇がどんなになっても、人としての道を誤ってはいけないのだという戒めです。孔子さまはついに自らを領主や君主にしませんでした。自分がなるよりも、君主を育成することに力を注いだわけです。自分ひとりが理想的な君主になっても、せいぜい2〜3カ国を良くすることしかできないけれども、良質な意を持った才人を教えることで、天下を押し並べて良くすることができると考えたのです。

孔子さまは自然体が好きで、例えば憲問篇では「子曰、不在其位、不謀其政」【子の曰わく、其の位に在らざれば、其の政《まつりごと》を謀《はか》らず】（『論語』p.288）と言っています。つまり、どんなに高い見識を持ち、経験や知識も抜群にあっても、それを実行する立場になければ政策を語らない方がいいということです。さもなければ君子とは言えないと言うのです。

ですから孔子さまは、時を経て位につき、政策を行うべき立場になったら喜んでその道を行くが、時を得ず、たとえ貧しく地位が低かった時も不平不満を言わないで、一生懸命にその地位なりの仕事をすることがいちばんいい生き方であると説いています。

あるとき弟子の子路が、「君子も亦《ま》た窮すること有るか」と問いますと、孔子は平然と、「君子固《もと》より窮す。小人窮すれば斯《ここ》に濫《みだ》る（衛霊公篇）」と返しています。

つまり、たとえ君子であろうと、普通の人のように困った場面に遭うことはあり、そこで君子と小人の差が出る。小人はおろおろとして最悪の事態にしてしまうのだが、君子は平然とてきぱきと難しいことを処理するものだ、ということを子路に言うのです。そして、日常いろいろなことを考えたり論を立てたりするのは君子として当然のことであるが、考えたからといって自分の身分を越えて政務に口を出したり、聞こえよがしに国の政策を論じるのは君子の資格に価しないと言っています。「身分相応」というのが孔子さまのモットーのようです。私たちもよく分際をわきまえないといけません。

また、孔子さまは弟子たちに「他日もし地位を得て道を行うことができたら、何をなそうとするか」という問いかけをしています。

そしてそれに対して、「その時に向けて未来のことを考え、何をするかを心に思うことが大切で、その位をもらっていない時に自分を売り込んだり、そのために妥協して位を得ようとしたりしてはいけない。だから、その時の位に合わせて行動するとしても、沈思黙考をすべきなのだ。そうすればその時が来たとき、それにあった政策が出せる」というのが正解で、「何々をする」と位もないうちに口に出してはならないということを言っています。まさに「言うは易《やす》し、行うは難し」です。

有子(注)が曰《いわ》わく、其《そ》の人と為《な》りや、孝弟《こうてい》にして上《かみ》を犯《おか》すことを好む者は鮮《すく》なし。上を犯すことを好まずして乱を作《な》すことを好む者は、未《いま》だこれ有らざるなり。君子は本《もと》を務《つと》む。本《もと》立ちて道生《しょう》ず。孝弟なる者は其れ仁《じん》の本《もと》たるか。

（『論語』 p.20）

（注）有子とは孔子の門人であり姓は有《ゆう》、名は若《じゃく》。孔子より43歳若いのですが顔かたちが孔子に似ていたことから孔子の死後、孔子のなり代わりになろうと志ざすのですがうまくいかなかったようです。

(訳)「有子が言いました。人となりが年長者によく思われる人物は、目上の人に逆らったり反目することはほとんどありません。君子というものはモノの本質を見極め、その時その時にうまく対処するものです。モノの根源がきちんとしていれば生き方もきちんとする。孝と悌というものは仁徳の基本です」

ここで問題なのは、「孝」と「悌」です。一般的に「孝」は親への恭順で、「悌」は目上によく仕えることということになります。ここでは、「特に親とか目上に限らず、まず他人をよく見て尊敬できると思ったら言うことをよく聞いてみて、よかったら四の五の言わずに従う」という意味だと思います。

とかく一家言あるエセ教養人は、他人の言うことに「でも、イヤ……」と反論しますが、年代の上の人の言うことはまず聞いてみなさいということです。

「子の曰わく、弟子《ていし》、入《い》りては則《すなわ》ち孝、出《い》でては則ち弟《てい》、謹みて信あり、汎《ひろ》く衆を愛して仁に親しみ、行ないて余力あれば、則ち以て文を学ぶ」

(子曰、弟子入則孝、出則弟、謹而信、汎愛衆而親仁、行有餘力、則以學文)

(訳)先生がいわれた「若ものよ。家庭では孝行、外では悌順《ていじゅん》、慎しんで誠実にしたうえ、だれでもひろく愛して仁の人に親しめ。そのように実行してなお余裕があれば、そこで書物を学ぶことだ。」

（『論語』p.23 ～ 24）

この言葉は、全くその通りだと思いますが、人はなかなかこのようには生きられません。まず、家族の間での親孝行、これがもしかするといちばん難しいかもしれません。何が親孝行かがあまりよく分からない人が多いです。何でもハイハイと言っていると、親でも間違った考えや判断をしますので、必ずしも世の中的にはいいことではないかもしれません。

しかも、生物学的に、子は親に反抗するようになっているような気がするんです。親もまた子どもに対して、それほどフェアでない気がします。すなわち、世の中では親子というのは身近にいるいちばんの敵なのかもしれません。難しいことですが親孝行はしないといけないんです。

外での目上に対する悌順な態度、というのはある程度できますよね。ただし、その目上の人がちゃんとしていたらの話ですが。そうでないときは悲劇ですが、こちらはまあ守れそうです。また、広く世の中の人を愛せというのも大変難しいです。確かに孔子さまのおっしゃっていることはもっともなんですが、今の人たちにはかなり実行は難しいと思います。それは、現代人が孝や悌を忘れたり無視しているのではなく、人間の資質や価値観が変わったということです。

しかし最後の一文、「余裕があれば学ぶことだ」というところがポイントだと私は思います。私は余裕がなくとも学んだ方がいいと思いますが、私にはこの一文に孔子さまの心意気が感じられます。

17 究極の学問

學而篇の中に次のような言葉があります。

「子曰、君子不重則不威、學則不固、主忠信、無友不如己者、過則勿憚改」

（『論語』 p.25）

これを読み下すと次のようになります。

「子の曰わく、君子《くんし》、重からざれば則ち威《い》あらず。学べば則ち固《こ》ならず。忠信を主とし、己《おの》れに如《し》かざる者を友とすること無かれ。過《あやま》てば則ち改むるに憚《はばか》ること勿《な》かれ。」

これを解説しますと以下のようになります。「君子と言われる偉い人は重々しく振る舞わなければいけない。そうしないと威厳が保てないのです。また、学問を極めると頑固でなくなり、物事に対して柔軟になるでしょう。人間の徳のひとつである忠実であることと信念を大切にして、自分にそぐわない人と交わらないことです。また、過ちを自らみつけたら即座に改めることが大切です」

孔子さまの心情を訴えている文だと思います。私は、重々しく振る舞うというところは少し違うのではないかと思いますが、どんな場合でも軽口をたたくような軽率な言動はやめた方がいいと思います。

私もよく他人から、「おや先生、こんなところにいて大丈夫ですか？ 発掘の方やってます？」なんて軽口をたたかれますが、一切反応しないことにしています。オヤジの軽口は醜いことを本人は気付いていないのでしょう。反論する気にもなりません。

それと、ひとつことを究めますと全体が見えてきて、物事の対応が優しく、柔軟になることは確かです。

これまで孔子さまの人間論について書いてきましたが、よく読んでみるとおしなべて当たり前のことを言っています。そうなんです。孔子さまの思想の中心は「中庸《ちゅうよう》」なんです。「中庸」とは考えや行いが偏ることなく穏当であることでして、極端なことを排すことです。ですから、『論語』の中で弟子が極端な意見を言うと孔子さまがたしなめるということが少なからずあります。

『論語』は孔子さまの言ったことややったこと、弟子とのやりとりなどが書かれていますので、孔子さまの考えを知るにはとても重要な資料です。全体を20編に分けていて、約500章からなっています。

孔子さまは今から約2500年前の、中国では春秋時代といわれていた時代の人です。その時代は世の中が乱れ始めていました。そんな中、自分は政治家ではないが、国をよい方向に治めるには良い人物が必要と考え、弟子の育成に力を入れたのです。

日本で言えば吉田松陰のような人です。とはいえ、吉田松陰はむしろ極端な方向に進み、人材育成を自らの手で行うというより、弟子が勝手に育ったといった方がいいかもしれませんが。しかし、孔子さまはきちんと弟子を育て、死して後も弟子ができたというくらい、教育者の鏡のような人です。

日本では『儒学』として江戸時代に藩校や寺子屋の教科書として使われていて、国学の中心部分を占めていました。ですから、明治以降も洋学は科学や西洋哲学が中心でしたが、国学は太平洋戦争前までは『論語』『儒学』が中心でした。そして、孔子さまの「仁」はキリスト教の「愛」につながるとして、西洋においても注目されてきました。

第三章

古代エジプト人の人間力の考え方

1 古代エジプト人の考え方

古代エジプト人の一般的な人間力、すなわち良き人間性とはどんなものかを本章では考えてみたいと思います。古代エジプト人は神によって生《せい》をいただき、この世で人生を生き、仕事をしたり結婚したり、子供が産まれたり、生活を楽しんだりしながら老いを迎えます。

老いといっても今の老いとは違い、30歳を過ぎたら高齢者の仲間入りです。40歳を過ぎたらいつ死が来てもおかしくないほど短命でした。もちろん王やその側近は50歳近くまたはそれ以上生きた例がたくさんあります。が、今の日本のように平均寿命が80歳などには遠く及びませんでしたから、割と早く死を実感していました。

そんな中で、古代エジプト人は自分たちの人間力をどう規定し、守っていったのでしょうか。それは「マアト」という生きるための約束事に縛られていたのです。マアトとは真理とか真実と訳されていますが、人間力そのものでした。生きていく上で重要な約束事です。自分を律し、他人を愛し、思いやる所にその原点はあります。

2 『死者の書』とは

そして古代エジプト人は、それを『死者の書』という葬送文書に書き残しています。『死者の書』には「罪の否定告白」という章があり、そこでは人間がしてはならないことが42ヵ条にわたって書かれています。そしてこのタブーを破ったものは、あの世に行き永遠の生命（アンク）をもらえない仕組みになっていたのです。いわゆるライフ・コンセプト（生き方の規定）です。もちろん殺人や窃盗といった極悪非道なことには刑法があり、警察に捕まり、裁判を受け刑に処されますが、それ以外のやってはならないことは、死後すぐに行われる最後の審判で裁かれるのです。ですから生前悪事を働き、捕まり、裁判で刑を受ければ、そこでいったん生前の悪事は無しになり、最後の審判には影響しません。

ともかく私たちが人間力を高めようとしている目標のほとんどがこの罪の否定告白の中の、してはならないことに入っているのです。ですから、人間力を高めようなどと悠長なことを言っていられません。もし反すれば、その場で再死する（二度死ぬ。地獄に落ちる）わけです。それではまず罪の否定告白の罪をここで列記してみましょう。この考え方（罪の概念）はユダヤ教、キリスト教、イスラム教にも強く影響を与えています。

1 他人に対して不公平な判断を与えてはならない。
2 他人に対して、いわんや近親者、弱き者に対して暴力をふるってはいけない。
3 他人をいかなる理由があるとしても人前で辱めてはならない。
4 他人のものを盗んではならない。
5 いかなる理由があろうとも他人を殺してはならない。
6 他人の荷物を抜き取ってはならない。
7 他人を騙《だま》してはならない。
8 神様にささげられたものをかすめ取ってはならない。
9 神様の前で虚言を言ってはならない。
10 他人の食べ物を持ち去ってはならない。
11 他人を罵《ののし》ってはならない。
12 どんな人をも襲撃してはならない。
13 神様に従事する動物を殺してはならない。
14 詐欺を働いてはならない。

15 耕されている畑を荒廃させてはならない。(よく働けという意味)
16 裏工作をして人々を仲違いさせてはならない。
17 仲違いしている人を煽《あお》ってはならない。
18 理由もなく怒り、怒鳴ってはならない。
19 他人の妻と密通してはならない。
20 純潔な女性を犯してはならない。
21 他人を脅迫してはならない。
22 暦を侵害してはならない(決められた、神々の祭日を変えてはならない)。
23 怒りのあまり我を忘れてはならない。
24 真実と正義の言葉には耳を傾けなければならない。
25 他人の争いを煽動《せんどう》してはならない。
26 他人を悲しませてはならない。
27 不潔な行為、例えば男色のようなことをしてはならない。
28 怒りを終わらせることなく、その勢いに任せて怒り続けてはいけない。
29 何人も虐げてはいけない。

30　他人に対して凶暴な行為をしてはいけない。
31　何事も慌てて早まった判断を下してはならない。
32　神様がどうあれ、復讐《ふくしゅう》をしてはならない。
33　小さな話を大きく話してはいけない。
34　不正なことをしてはならない。
35　王様を呪詛《じゅそ》してはならない。
36　飲み水を汚してはならない。
37　他人に対して居丈高な態度をしてはならない。
38　どんなことがあろうとも神様を罵ってはならない。
39　他人に対して傲慢《ごうまん》な振る舞いをしてはならない。
40　自ら栄達を求めてはならない。
41　不当な手段を持って私腹を肥やしてはならない。
42　神様を侮辱してはならない。

以上のことを一つでも行ったら、人は無事にあの世に行くことが出来《でき》ないとされています。この中には現在の刑法にも相当するものもありますが、ほとんどはモラル、倫理であります。こうしたことをやめさせることで世の中を良くしようとした古代エジプト人はすごいと思うのです。

この「42」の罪こそ、まさしく負の人間力で、この負の人間力を行使しないことが、正の人間力の養成につながるのです。ちなみに、この条件が該当しなかった人はどうなるかと言いますと、その場で地獄へ落ちてしまうのです。古代エジプトでは人は死ぬと、肉体と精神が分かれてしまいます。そしてその精神もこの世に残ってミイラになった肉体を守る精霊《カー》と鳥の姿となった魂《バー》とに分かれますが、この裁きで有罪となりますと、魂は火炎地獄に落ちるわけです。

3　天秤の儀式

それなら、この裁きの時、「いいえ」と嘘をついて全て否定すればいいではないかと考える人もいると思いますが、古代エジプト人はそういうことも予想して、もう一つ裁判を用意しています。それは真実の法廷です。別名「天秤《てんびん》の儀式」と言いまして、死者の心臓を向かって左側に乗せ、真実の女神マアトの印である羽を右側に乗せ、バランスを観《み》ます。つり合いが取れれば無罪、すなわち第一の裁きで嘘をつかなかったとみなされ、あの世への入り口の扉の鍵、アンクを渡されます。

もし嘘をついていれば天秤はつり合わず、即座に心臓は天秤から落ちて、そこに待機しているアメミトという怪獣に食われてしまい、裁判の行方を上空で見守っている魂は真っ二つに分かれた床の下、すなわち地獄に落ちて焼け死にます。これを「再死」と言います。

この考え方は現世での人の生き方を直接的に教えるものです。実は、この考え方はユダヤ教、キリスト教、イスラム教で採り入れられ、全て「最後の審判」と呼ばれています。もちろん古代エジプト人も生きている時に罪を犯し、警察に捕まり、この世で裁かれ有罪となった時も火で焼き殺されますが、実際にこの世で罪を犯しても、逃れて何食わぬ顔で生き延びる人がいます。そういう人も全て最後の審判で裁かれ、見つかってしまうということを示しています。その上、犯罪とまでいかないが、他人を苦しめたり、悲しめたりする行為も実のところ許されず、この世で処刑されるということを示しているのです。すなわち負の人間力、逆人間力も古代エジプトでは裁かれるということなのです。今の言葉で言うと、「罰《ばち》が当る」ということになります。

よくエジプトのことを知ったかぶった文化人が口に出すこととして「ピラミッドの中には今でも若者はだめだという趣旨のことが書かれているのは、若者の評価が今も昔も変わっていないことを示していますね」というようなのがありますが、これは全くの偽情報、嘘です。

4 ピラミッド・テキスト

まず、ピラミッドの中には第五王朝まで何も書かれていません。もちろん、クフ王のピラミッドの重量軽減の間に「クフ王の良き仲間たち」（正しくは「クフ王を私たちの良き仲間にしよう」）などの書きつけ（正しくは「神官や書記が石に力を注入するための魂の言葉」）はありますが、文章としての形式を整え、辻褄《つじつま》が合っているものはほとんどないのです。

ピラミッドの中に文字が書かれた例として、「ピラミッド・テキスト」というのがありますが、これはクフ王の大ピラミッドといった巨大ピラミッドの時代（第三、第四王朝）が終わり、小型ながら石のピラミッドを（「石の」と書いたのには理由があります。中王国時代のピラミッドは、外装石こそ石灰岩でしたが、内部構造は日干しレンガで造られていたからです）、一方では太陽神殿を造り、埋葬や祈りといったファラオの役割を明確にした時代に、ピラミッド内部に詩に近い形の文章を刻み込んだものです。しかし、その内容は、若者の社会的地位などといった世俗的なテーマではなく、ファラオが現世から来世に向かう道すがら、いろいろな魔物に出会った時の逃げ方や退治の仕方や、来世で出会う神々の紹介やその対応の仕方、来世での生き方などについて書いたものです。ですから、ピラミッドには知ったかぶった文化人の言うようなことは書かれていません。

古代エジプトには、「教訓文学」とか「知恵の書」と呼ばれる一連の文学作品が残されていますが、その中には確かに若者についての記述はあります。しかし、その内容は若者をばかにするものではなく、若者に戒めを与えるもの、格言のようなもの、この世の生き方を論ずるものとかで、どちらかというと評論集のような前向きのものがほとんどなのです。

5 古代エジプトの文学

古代エジプトには「教訓文学」とか「知恵の書」といわれている文学作品がたくさん残っています。古代エジプトの文学にはその他、学校で使っていた教科書、医学や数学、法律などがありますし、詩（ナイル賛歌）や恋愛文学や死者の書など多種多様です。これらがパピルスだけでなく、神殿やピラミッドの内部（第五王朝以降）、墳墓の中などに極彩色で書かれていて、それが何千年を経た今でも判読できるのですから、古代エジプトの資料保存法がいかに素晴らしいかが分かります。その中の一部に、「若者への戒め」があるのです。

「知恵」と「知識」、この2つの言葉を同じように感じる人は多いと思いますが、全く違うものです。「知恵」というのはもとは仏教用語でして、人が人として生きる術《すべ》を7通りあげ、その中の一つとして取り上げています。日本語の意味としましては、「物事の道理を悟り、善悪を分けて知り、物事の筋道を知り、正しく処理する能力」という意味と、「才知の働きや機知や才覚のこと」を言うのです。ギリシャ語では $\sigma o \phi \iota \alpha$ (Sophia)、英語では wisdom と言い、「学問や知識を積み重ねただけではなく、人生の真実や物事の本質を理解する能力」とあります。

一方、「知識」は、「ある物事に対しての明確な意識と判断で物事を理解する力と認識する能力。学習したことが頭脳に残り、後になって繰り返して考えの中に出てくるもの」とあります。要するに、「知恵」は先天的な能力で「知識」は後天的な能力なのです。

6 知恵があるとは

ここではまず、「知恵」に関する諺《ことわざ》を見ていきましょう。

「知恵ありと雖《いえど》も勢いに乗ずるに如《し》かず」

∴どんなに知力に優れた才人であっても、時流に乗って勢いのある者には及ばない、という意味。

「知恵多ければ憤り多し」

∴知恵がつけばつくほど、世の中の矛盾や欠点も見えるようになり、憤慨することも多くなるということ。

「知恵と力は重荷にならぬ」

：知恵と力は身に付いたものだから、どんなにあっても少しも負担になることはないということ。

「知恵は小出しにせよ」

：いざというときのために、一度にすべての知恵を出さないほうがよいということ。

「知恵は万代の宝」

：すぐれた知恵は、時代を超えて役立つ永遠の宝であるということ。

などなど、知恵と知識の混同も多少ありますが、人として持つべきものは「金」や「名声」ではなく「生きる知恵」であることには間違いないのです。

古代エジプトには先人の知恵が「教訓文学」という形で残っています。そして、その「教訓文学」（「知恵の書」とも言われます）には大きく分けて2つのものがあります。ひとつは〝セバイト〟と呼ばれるもので、教訓とか教育とかを意味しています。もうひとつは事の成り行きの評論とか解説です。古代エジプトの人間力を学ぶには宰相プタハヘテプの教訓が最適なので、ここからはこれを中心に論を展開します。

7 教訓文学

古代エジプトの文学ジャンルに「教訓文学」と「知恵の書」というのがあります。一言一句が私たちの生き方に生かすことができるような珠玉の言葉です。ここからは、いくつかの教訓を学んでいきましょう。そのために最適なのは「宰相プタハヘテプの教訓」です。これは古王国時代第五王朝に書かれたもので、650行という長い文章です。おそらく教訓文学では最長のものでしょう。教訓文学の特徴の一つとして、作者名があるということが挙げられます。

古代エジプトでは絵画にしましても彩色レリーフにしましても、その作者の名前が明記されているということはありません。が、この教訓文学では、この例でもそうですが、宰相であるプタハヘテプが書き手と明記されているのです。まず、前書きで、自分が老いて、身体の不具合が出、思考が衰え、判断力が低下したことをファラオに訴え、自分の息子を自分の地位である宰相に引き立てていただくように訴えます。そのため、自分は自分の生涯の経験と知識、そしてそれに基づいた知恵を書き残すことで、その任務を息子が全うできるようにしたと訴えています。

8　知識に傲慢であるな

「汝の知識のゆえに傲慢《ごうまん》であるな。
学あるものとみずからを頼むな。
学ある者と同じく学なきものにも相談せよ。
技の限界は達成されることはなく、
（完き）技術を獲得せる工人（も）なし。
よき会話はエメラルドにもまして隠されてあり、
碾臼《ひきうす》のそばの下女とともにみいだされる（こともあらん）」

（『古代オリエント集』杉勇・三笠宮崇仁編　筑摩書房　1978年　p.505）

あえて解説することもありませんが、要は、一生懸命努力して学問を習得したとしても、言うまでもなくそれをひけらかすことはせず、まして、学があるからといって自らの心の中に驕《おご》り高ぶる心を持ってはならないというものです。しかし、これはなかなかできないことです。ついつい学があると、学のない人を下に見てしまい、ぞんざいな口をきいてしまい、相手を傷つけることがしばしばあります。悲劇的なことは、相手が傷ついていることにすら気が付かないということなんです。現代でも通用する教訓だと思います。

9　上司との論争

「汝、心を統御する（すべ）を知る上司が
論争しかけるをみいだすならば、
腕を折り、腰をかがめよ。
汝の心を彼に逆わすな。（さすれば）かれは汝に立ちうちできぬであろう。
悪しき言葉をはくものを挫くには、
反対を行動にださぬという事実によるべし。
かくて人びとは、汝の犠牲がかれの地位に等しきとき、かれは学なきものといおう」

(『古代オリエント集』杉勇・三笠宮崇仁編　筑摩書房　1978年 p.505)

あなたの理不尽な上司が、上司であることをかさに着て、あなたを抑圧しようと論争を仕掛けてきたら、反論せず、ただひたすら沈黙し、逆らう構えを見せるべきではない。そうすれば、その上司の小言は空振りをして自ら負けることになるでしょう。ともかく、相手にして反対するそぶりを見せてはいけませんということです。よく、宴会などで、上司が「今日は無礼講だから思う存分飲み、食べ、そして何かあったら私に言ってくれ」と言うようなことがあります。しかし、その言は裏腹で、普段の行動の真意を確かめようというせこい上司の罠《わな》である場合が多いのです。まさしく、その言葉を本気にして普段のうっ憤を晴らそうものなら、次の人事査定で仕返しされてしまうのです。上司の甘言には気を付けるべきなんです。特に、部下が油断する機会こそ厳に慎むべきなんです。

10　同僚との論争

「汝と（地位）等しきものが
論争をしかけるをみいだすならば、
かれが悪しき言葉をはくとき、
沈黙によりて汝の優越を際立たせよ。
（さすれば）よく耳傾ける人びとの中にて（かれの）悪名は高く、
貴族の心の中にて汝の名声よからん」

（『古代オリエント集』杉勇・三笠宮崇仁編　筑摩書房　1978年 p.505）

次は同僚の場合です。「同僚が罵詈雑言《ばりぞうごん》を吐いたり論争を仕掛けてきた場合、じっと耐えていなさい。そうすれば、仕掛けてきた人が負けて、この論争を見ている人々はあなたが勝ったことを認め、後々良い結果をもたらす」ということです。ともかく、論争や悪口には取り合わないことが出世とか世に認められるコツだと言っているのです。こういう場合こそ「沈黙は金、雄弁は銀」であるということなのです。「負けるが勝ち」という諺にも通じるものです。まともに取り合うと、その結果は良くて、「喧嘩《けんか》両成敗」でしょう。特に、酒の席のけんかは、相手が上司だろうと同僚であろうとやめた方がいいことです。対人作法の極意までもが、4400年あまりも昔の教訓に書かれているのです。「プタハヘテプの教訓」は人と関わり合う方法、特に他人と論争することに心を使っています。

「汝と（地位）等しからざる邪《よこしま》な弁士が論争しかけるをみいだすならば、かれ弱ければ、激しく攻撃するな。かれに（あまり）心を使うな。（さすれば）かれ自《おの》ずと罰されよう」

論争すること自体、あまりなくなってしまった平和な日本ですが、その心は傷つきたくないというものが先立っています。しかし、いつの時代でも自分がのし上がるために、ささいなことでもことさら大きく取り上げ、論争を仕掛けてくる輩《やから》がいないわけではありません。今回ご紹介したのは、そういう場合の対処法なんです。

人と人との関係は目上、同僚、後輩と3種類あります。目上からの命令というか指示には基本的に逆らえません。テレビの刑事ドラマで、目上の人間に対して挑戦的に立ち向かうような格好いいシーンが良く見られますが、これはドラマだからいいんです。現実にそれを行ったらもうアウトです。辞めるか一生冷や飯食いとなります。もっとも、そんな刑事ドラマでは上役が悪いやつで、これを正さないと警察は成り立たないというケースですから、逆らったり論争を行ったりしてもいいのです。

しかし、現実の社会にドラマのように分かりやすい正／不正は存在しませんから、実感は湧きません。経営上の議論は成り立つと思うのですが、結果が出るのに時間がかかりますし、もし、自分が間違っていたら会社は破産してしまいますから、結局は上役に軍配が上がるわけです。では、同輩同士の論争ではどうでしょう。ことが正義、不正義であったら、たとえ同輩でも引くわけにはいきません。まして、自分が責められている場合は特にそうです。しかし、プタハヘテプは、「どんな場合でも相手に反論するな」と言っています。この場合、もし罪をなすりつけられたらどうなるのでしょう。反論すべき時にしておかないと、一生自分の責任となってしまう場合でも黙して語らずなのでしょうか。

この文章をよく読んでみると、そこには「明らかに自分が正しくて、勝つと分かっている時には」という前提があるのです。相手が自分の弱みを隠すために、あえて論争を仕掛けてきた時の心構えを言っているのです。それが「かれ弱ければ」という一言に含まれているのです。「首の皮一枚残しておいてあげなさい」という言葉につながるのです。

11 トップの戒め

次に、トップに立った人への戒めについて検証してみたいと思います。

「汝、大衆の行動を指令する指導者とならば、
汝の行ないに誤りなきよう
あらゆるよき行ないを探し求めよ。
正義は偉大にして、永遠かつ有能、
オシリスの時代より乱されたることなし。
その掟を犯すものは罰せられるも、
貪欲なるものはそを知らず。

欺瞞は富を得る（ことある）も、
悪行はその積荷を（港に）到着させることなし。

かれは『たしかにわれわれみずから（の力にて）獲得せり』といい、

『わが職務によりて獲得せり』とは言うまい。

（されど）終わりの来たるとき、正義（こそ）は永遠なり。

人びとは言わん。『そはわが父の所領なり』と」

（『古代オリエント集』杉勇・三笠宮崇仁編　筑摩書房　1978年 p.505 ~ 506）


基本的には、『死者の書』の「罪の否定告白」の内容を言っているのですが、意義深い文言です。簡単に解説しますと、「指導者となった時には正しいことのみを行い、慎み深く、悪行をしてはなりません。それだけでなく、自分の職をもって遂行したことは自分の力でやったと考えず、自分の地位とか職務があってこそ成し得たことで、思い上がってはだめだ。そんなことは私たちの冥界の王オシリスにはお見通しだよ」というようなことになります。とかく人間は、自分のやったことを自らの能力でやったと思いがちですが、実はその職務や地位により成し得たことの方が多いということです。会社を定年で辞めた後、それまでは「部長、部長」とすり寄ってきていた部下が、鼻もひっかけてくれないので愕然《がくぜん》とするケースなどはその例です。

しかし、「位が人をつくる」という場合もありますから捨てたものじゃありません。しかし、人が頭を下げるのは、その人の能力に対してではなく、地位に対してであることも決して忘れてはいけないことなんです。

この教訓は紀元前２４００年ごろ（今から４４００年ほど前）の古王国時代第五王朝末期の作品なんです。そして、完全な形で残されている最古で最長の教訓集です。何と６５０行近い長文です。古さから言いますと、階段ピラミッドの設計・施工を担い、後世神様にもなったイムヘテプの教訓や、クフ王の息子で「ウエストカー・パピルスの物語」の主人公の一人であるジェデフホルの教訓など、プタハヘテプの教訓より古いものはあるのですが、原資料は残されておらず、後世に資料の一部として名前が残されているのみですから、やはりこのプタハヘテプの教訓は大変貴重なものなんです。

また、墓の中の壁画や彫像、『死者の書』などは作者の名がほとんど残されていませんが、この教訓文学だけ著者名が残っているのも不思議です。もともと、教訓文学というのは作者が若いうちに苦労を重ね、老齢になって人生の成功のコツを語る形を取っているものが多いのです。そして、その作者は王子や宰相、王の側近である場合が多いんです。しかも、ひとつひとつの教訓は実例を挙げ、それに対してどう対処するかまで書いてある場合が多いので、現在の私たちでも十分参考となります。というより、昔も今も、人の心や人の判断に変わりはないということが分かります。特に、宰相プタハヘテプの教訓は実際的にとても人生の生き方に役に立つものが多いです。なお、このプタハヘテプの教訓の前書きには2つのことが書かれています。そのひとつは、プタハヘテプが年を取って健康が優れなくなったので、生きているうちに息子たちに人生で培った知恵を授ける許可をファラオにお願いすることが書かれています。

そしてもうひとつは、この教訓を読む人の利益について言及しています。

「(これは)智慧《ちえ》とよき言葉の規則《おきて》とについて

無知なるものに教えるものにして、

耳を傾けるものには利益、

無視するものには不利益あらん」と。

12 策謀について

「民衆に対して策謀するな。
神はこのような（振舞い）を罰し給う」
（『古代オリエント集』杉勇・三笠宮崇仁編　筑摩書房　1978年 p.506）

もし人が策略や計略をして物事を成し遂げても、神からは厳罰を受けると言っています。策略・計略の中には、自分の地位を利用したものと、他人の地位を奪うものがありますが、どちらにしても神を欺くことになり、結果的に多少の得や、金持ちになるとか、地位が上がったといった程度の見返りしかなく、それも長続きせずにすぐに没落する運命となると言っています。特に、役職や自分の立場を利用して他人を貶《おとし》めたり儲《もう》けたりすれば、その罪はとても大きなものとなる。それをまとめて

「人間の意図は決して達せられることなく、
実現されるは神の命じ給うことなり。

されば、充ち足りて生活を送れ。

かれらはおのずからそうなることに到達しよう」と言っています。

（『古代オリエント集』杉勇・三笠宮崇仁編　筑摩書房　1978年 p.506）

この場合の策略や計略は他人を貶めるためにいろいろな仕掛けをすることで、敵と戦うときの計略とは違うことを知っておくべきでしょう。

また、プタハヘテプはテーブルマナーについても言及しています。

「汝より偉き人の食卓に
坐るものの一人とならば、
なにが前に置かれようと、かれの出すものを受けとれ。
汝の前にあるものをよく眺めよ。
じろじろとかれをみつめるな。
（このようにして）かれを苦しめるは、カーの忌み嫌うところなり」
（『古代オリエント集』杉勇・三笠宮崇仁編　筑摩書房　1978年 p.506）

つまりプタハヘテプは、自分より目上の人に一人自分が呼ばれて食事をするときの心得は、「何が自分のテーブルの前に出されても受け止めてきちんと食べなさい。決して出されたものを詮索するような目で見たり、食べるかどうか迷ったりせずに、すぐに食べなさい」ということです。

13 会話のマナー

プタハヘテプは、会話のマナーについても言及しています。

「かれにうながされぬのに話しかけるな。
心に快よからざることを知らざればなり。
かれが話しかけるまで顔を伏せておけ。
かれが話しかけるとき（だけ）話せ。
（さすれば）汝のことば心に快よかるべし。
かれが笑ってから笑え。

そはかれ（の心）に快よかるべし。

汝の振る舞いはかれの心を楽しまそう」

（『古代オリエント集』杉勇・三笠宮崇仁編　筑摩書房　1978年 p.506）


つまり、話は自分からするのではなく目上の人がまず話の口火を切るまで伏し目がちにし、食事に専念すべきということです。話の内容もさることながら、笑うときは相手が笑ってから笑うようにしないと失礼にあたる。そして話を合わせていれば相手も和み、楽しい雰囲気がテーブルに満ち、食事会は成功すると言っています。さらに、

「パンを食するは神の計画したまうことによるものにして、

（このように）成就されるは一夜の考えなり。

これに抗弁するは学なきものなり」

（『古代オリエント集』杉勇・三笠宮崇仁編　筑摩書房　1978年 p.507）


このような食事の機会を与えてくれたのは神の御意思であるから、深く感謝していただけばいい結果が来るのです。決してこれに反してはいけません。反する人は学がない人と見られますと言っています。全く現代にも当てはまる教訓です。

14 使者の役割

「プタハヘテプの教訓」には、自分の上司から他の部局の偉い人へ何か重要なことを伝える使者となったときの心得が書かれている一節があります。

「汝、信任厚き者にして、
ある大官より別の大官に（使者として）遣わされるならば
かれが汝を遣わすときは完全な信頼に価するもの（として振舞え）。
命じられた通りに用件を伝えよ。
ことばにより大官同士を仲たがいさせるような
悪しきことをひき起さぬよう心せよ。
真実を（しっかりと）つかみ、それを越えるな。
（単なる）心（情）の吐露をくりかえしてはならぬ。
申しつけられたことを隠しておくことなく、
忘却の行ないに心せよ。

真実を（しっかりと）つかみ、それを越えるな。
（単なる）心（情）の吐露をくりかえしてはならぬ。
言葉をゆがめ、
大官同士を仲違いさすことのないよう心せよ。
（決して）だれも中傷してはならぬ。
大官も小人も。そはカーの忌み嫌うことなり」
（『古代オリエント集』杉勇・三笠宮崇仁編　筑摩書房　1978年 p.507）

第一に、信頼されている者の認識をもって振る舞うようにとあります。おどおどしたり、へりくだり過ぎないようにしろということでしょう。というのは、自分に用を言いつけた者も偉いのであるから、あまりへりくだるということは自分を派遣した人の名誉を汚すことになると言っているのです。そして次に、「命じられた通りに用件を伝えよ」とあります。自分の思惑や自分の感情で言ってはならないということです。用事を言いつけた人は、伝える人のことをよく知っていて失礼にならないよう、侮られないようにきちんと考えて用件をつくっているので、きちんと言われた通りに言わないと相手に失礼だし、下手をすると相手を怒らせてしまうと言うのです。そして、「悪しきことをひき起さぬよう心せよ」「真実を（しっかりと）つかみ、それを越えるな」と。とかく人間は自分の感情が先に立って、つい言いつかった言葉の真意を思いあぐねて、強く言ったり弱く言ったり隠したりするもので、それによってきちんと真意が伝わらず誤解を生むことになるというのです。誠にもっともなことです。

言葉っていうのは生き物というか、ちょっとしたニュアンスによって伝わる内容が変わってきます。そのため、日常会話においてもどちらにでも取れるようにあいまいに言ったり、言葉の中にあいまいさを表現する言葉を差し挟んだりして、自分の主張を靄《もや》の中になるべく溶かし込ませようとする人が多いのですが、言いつかったことを伝える際にはこうしたテクニックを使ってはならないと言うのです。また、言いつかったことを、ついうっかりと文言を変えたり、センテンスを忘れたりしないように慎重に伝えなさいと言っています。そして、真実をしっかりと伝えることに心がけて、自分の感想や思いを付け加えてはならないと言っています。古代エジプトでは文字の読み書きができる人が非常に少なかったので、口伝えが多かったのでしょう。そして、口伝えの場合は、いろいろと行き違いが多かったのでしょう。そういうわけで、口伝えの方法についてもこのようにきちんと教えなければならなかったに違いありません。

15　口は慎め

　プタハヘテプの教訓は今から4400年ほども前に書かれたものと思えないくらい現代的です。現代社会のひずみというか過ちを鋭く描いています。私も読み返してみて「この4400年間、人間ってほとんど意識としては進歩していないんだなあ」と思いました。例えば、「ある農民なり土地持ちの人が、その収穫を誇って他の人に言いふらすのはよくない」と書いています。その理由は、「自分のことを誇らしげに言いふらすと悪魔が寄ってきて悪さをするから」というものです。今で言うならば、何か得したとか儲かったというときにそれを言いふらすと、それを当てにしていろんな人が寄って来たり、当てにしていたのに何ももらえないとなると嫌がらせをされたり、揚げ句の果てには殺されてしまうというようなことがあります。

　それを一言で、「口を慎みなさい」「口を抑えよ」と言っています。もう一歩進んで、「汝の財産を自慢して嘲笑されるな」とも言っています。儲けたことを言いふらすことで、悪魔に持っているものを盗られるだけでなく、他人からは金持ちであることを喧伝《けんでん》すると心のなさを笑われるというのです。とても人間的というか、人間の心を深く読んでいます。その半面、「裕福な人や、子供を多く持っている女性をうらやんだり軽蔑したりしてはいけない」ということも言っています。というのも、儲けた話がある人とかお金持ちの方がその反対の人よりずっと少なく、むしろ、貧乏とまではいかなくても少し不足を感じている人の方が多いので、その人たちがお金持ちを恨めしいと思ってはいけないと言っています。

理由は、「富はひとりでやって来るものではなく、その人の努力があるゆえお金持ちになるのだから、うらやんだり軽蔑したりしてはだめで、むしろ尊敬しなければならない」と言っているのです。富者、貧者の両面から物事を見て、双方の人を戒めることで世の中丸く収めようという意図が感じられるのです。ここでも幅広い見識が感じられます。

16 他人を騙すこと

プタハヘテプの教訓を読み解いていくと、その大部分が現代の私たちの生き方に生かせることが分かります。今から4400年も前に、どうして今に応用できるというか応用すべき考え方があったのか不思議です。人の生き方は変わらない、いや変えるべきではないのか、はたまた物質的には大きく変革したのに精神的には全く進歩していないのか分かりません。いや、今から4400年も前の古代エジプトの時代に、すでに人間の生き方の典型が分かっていたとも言えます。

「『我は人をだますことで生きている』という者がいるが、こういう人間は結局、騙したことによって逆に謀《たばか》られて生きてはいけない」という言葉があります。策略や策謀をめぐらして人を騙して金銭を奪ったり、地位を蹴落としたりしても、結局のところそのしっぺ返しが自分に来て、自分もまた他人の策謀に貶められるという趣旨です。

中国にも「天網恢恢疎《てんもうかいかいそ》にして漏《も》らさず」（老子）という諺があります。「天が張りめぐらした網の目のようなネットワークにより、一度はうまく人を騙したりやっつけても、その目的が邪悪だったり害を及ぼすことであれば必ず罰せられる」ということです。

日本では「お天道様はお見通し」というのがあります。英語では"God stays long, but strikes at last."と言います。それにしても、時効があった時代、なぜか時効寸前に容疑者が捕まるというジンクスがありましたが、それもこういう趣旨でしょう。しかし、現実には悪いことをしてもぬくぬくと生きているやつは山ほどいますし、殺人犯だって逃げ延びるやつも少なくないわけです。「しかし、それを言っちゃあ、おいちゃんお終《し》めえよ」のフーテンの寅さんのセリフじゃありませんが、身も蓋《ふた》もありません。私は、どうしても人が悪いこと、少なくとも他人を悲しませることをする気になるのかが分かりませんので、この教訓は実感できないのです。脳では分かっても理屈では分からないということでしょうか。

17 子供への教訓

プタハヘテプは子供にも厳しい言い方をしています。

「もし汝が地位高きものにして、家計を起し、

神にとり好ましき息子を産みだすならば、
もしかれが（行ない）正しくして汝の道に従い、
汝の教訓に耳を傾け、
その家での振舞いふさわしいならば、
もしかれが汝の財産をあるべき通りに管理するならば、
かれらのためあらゆる有益な行動を探し求めよ。
かれこそは、汝のカーが汝のため産みだせし汝の子なり。
汝の心をかれより切り離してはならぬ。
（されど人間の）種子は（往々にして）対立を生む。
もしかれが惑いて汝の指示に背き、
汝の教訓を果さず、
家での振舞いふさわしからずして、
汝の言葉にことごとく逆い、
かれに何の財産もないことを〈理解せずして〉、
その口に邪《よこしま》なる言葉を溢《あふ》れさせるならば、

かれを放逐すべし。かれは汝の息子にあらず。
まこと汝より生れたものにあらず。
その言葉のゆえに完全なる奴隷とすべし。
かれこそは神々が憎悪を向け給う人びとの一人にして、
（母の）胎内より（すでに）神が有罪を宣告せしものなり」
（『古代オリエント集』杉勇・三笠宮崇仁編　筑摩書房　1978年 p.508）

例えば、「子供が親の言うことに背いて、親の教訓を果たさず、親の言葉に逆らったり、家の中で子供として相応《ふさわ》しくない振る舞いをしたりしたとしたら、親は子を放逐すべし」と言っています。

今日では親が子を甘やかしています。プタハヘテプが生きた時代もそういう親がいたのでしょうか。教訓を深読みすると、「放逐すべし」というのは、「子供が家庭内で親に暴力をふるったり、引きこもったりするのは甘えであるから、家から放り出して世間の厳しさを体験させろ」と言っているように読むことができます。しかも、もう一歩踏み込んで、「そういう子供は、母親の胎内ですでに神によって有罪の判決を受けているのだ」とも言っています。本来、有罪、無罪は現世での行為によって神々が判定するのですが、こういう輩は産まれる以前にすでに有罪になっているというのですから、これはとても厳しい示唆です。ですから、古代エジプトでは「最後の審判」だけでなく「最初の審判」もあってしかるべきだとプタハヘテプは言っているのです。おそらくプタハヘテプ自身、自分の子にこういった者がいたのかもしれません。

しかし、その前段には、その子が「良い子」の場合は「子供のために最も有効なことをしなさい」と言っているのです。その場合の「良い子」とは、「汝の教訓に耳を傾け、その家での振る舞いふさわしいならば、もしかれが汝の財産をあるべき通りに管理する」子のことです。そして、親として、その子との絆を大切にしなさいとも言っています。しかし、世の中はそううまくはいかないもので……と続くのです。子供を育てるのはとても難しいことですが、ここまで割り切って子育てできる親は今の世ではいないでしょう。

18 部下の心得

プタハヘテプは、部下の心得を言いながら、主人や上司の生き方を教えています。その例がこれです。

「沈黙することなく汝の使命を果せ。
主人の相談をうけるならば、汝の〈意見〉を表明せよ。
まこと主人がむやみに『否』というとき、
『それを知っているのは誰でありましょうか』と答えずしては、
使者が報告をなすは困難なり。
ことに反対する貴人が、
この故にかれを罰しようとするならば、過ちを犯すべし。
(その時は)『もう報告し終りました』と申して沈黙すべし」
(『古代オリエント集杉勇・三笠宮崇仁編』筑摩書房　1978年　p.509)

意味は、「仕事を仰せつかった場合、ただ従うのではなく、きちんと意見を述べてからやりなさい。特に主人から、『これはどうしよう』と相談を受けたら、率直に自分の意見を言いなさい。そのとき、主人が理由もなく『否』と言ったら、『なぜだめなんですか』と質問しなさい。そうしないとできることもできずに、成果を報告することはできません。もし主人が反対したという理由で罰するならば、もう諦めて主人から離れなさい」というものです。この処世術は正直言って理想的ですが、なかなかこうはできないものです。主人とか上司とか位が上の人は、とかく自分のやりたいこととか考えに対して部下に意見を求めます。皆、一般的に自分の決定に不安を持つものなのです。

しかし、意見を聞くというのは形だけで、答えは「いいですね」とか「私もそう思います」と言った自分の意見に肯定的なものを求めています。それに対して、「いや違うでしょう」とか「ここここが違うと思います」と部下が言うと遠ざけられたり、時には罰を受ける場合があると言っています。しかし、プタハヘテプは、「それでもあえて、自分の意見を面と向かって言いなさい」と言っています。そして、「それでも受け入れてもらえないなら黙りなさい」、すなわち、「職を辞しなさい」と言っているのです。

この文は、一見、部下のために言っているように見えて、実は主人や目上の者に言っているのです。「偉い人よ、こうならないように気をつけなさい。真の部下とは、率直に自分の意見を言う人のことを指すんだよ」と教えているのです。

19 モノを頼まれる時の心得

プタハヘテプの教訓のひとつに、〝請願を受ける人の心得〟というものがあります。「請願を受ける人」とは、「地位が高く物事を決裁できる人」ということです。

「汝、請願をうける人であるならば、
請願者の言葉に穏やかに耳を傾けよ。
かれがその体をきれいにするまで、
あるいは赴いた用件を話してしまうまで、追い出してはならぬ。
請願者は、用向きの件が成就するよりは、
自分の言葉が傾聴されることを好むものなり。
(たとえ)聞かれたことが実現する前(であっても)、

いかなる請願者にもましてこのことを喜ぶものなり。
（なんとなれば）話すことは心のよき慰めな（ればな）り。
請願者をはねつけるものについては、
『一体なぜかれはそんなことをするのか』と人びとはいおう。
かれの請願が完全に実現される（必要は）ない。
よく耳を傾けてやるは、心慰めることなり」

（『古代オリエント集』杉勇・三笠宮崇仁編　筑摩書房　1978年 p.509）

請願を受ける人になることはとても難しいと思われます。普通の会社でも、決裁できる人は社長を含め限られています。だいたい会社では、お金の決裁は役によって上限金額が決まっているものですが、プロジェクトの内容とか、その仕事を取るとか取らないというのは社長決裁でしょう。役所でもトップが決めることになっていると思います。
この項の重要な点は、「まず請願したり、発案しに来た人の話を黙って聞いてあげることだ」と言っている点です。発案する人は、実現することより、自分が言う内容を聞いてもらうことに重点を置いているというのです。もし、話を聞かずはねつけると、請願者・発案者から不信感を持たれてしまうと言っています。
そして、言った人も自分の言ったことが完全に実現しなくてもいいのであり、言ったことを聞いてもらったという充足感が大切なのだというのです。確かに何かを発案するとき、言ったことが100％実現するとは思っていないと思います。しかし、昨今、この「請願者」そのものがいなくなってきたという違う悩みが、上に立つと感じられます。

20 古代エジプトの女性について

プタハヘテプは女性についても述べています。おそらくプタハヘテプは女性問題で苦しんだことがあるのでしょう。とても女性についてはナーバスで、そして警戒心を強くしています。女性といっても、特に結婚した夫のいる女性についてです。不倫を戒めているというより、噂にもなってはいけないというような考えです。

「もし汝が主人として、兄弟として、あるいは友人として、出入りしている家にて、汝の入りこみうるいかなるところにても

親交を続けたいと欲するならば、
婦人に近づかぬよう心せよ。
これがなされる場所に〈よき場所は無し〉。
〈彼女らを見つめる視線に慎重さは失われる〉。
数知れぬ男たちが、（こうして）利益を〈失っている〉。
かれは婦人のファイアンスの（如く輝く）肢体によりて痴呆《ちほう》とされ、
紅玉髄（※不幸になるということ）となろう。
夢にも似た一瞬の時（なれど）、
男はこれを知りて死に達しよう。
〈…………〉、
〈…………〉。
（これを）実行しても男には何の益もなし。
競争者の悪しき振舞いによりてかれ罪を犯そう。
かれと〈話そうとて人が来ようと〉、心はかれを拒もう。
かくの（如き）ことなすべからず。それはまこと忌まわしきことにして、

（もし汝この教訓を守るならば）日々心の病いを免れよう。
これを貪ることより逃れる者は、
万事かれと共に栄えよう」
（『古代オリエント集』杉勇・三笠宮崇仁編　筑摩書房　1978年 p.509 ~ 510）

ここでいう、「家の中の妻に会うことができる人」というのは、かなりその家の主人と親しいか親兄弟しかいないのですから、当時は親兄弟であったとしても、いい感じの女性ならば言い寄ったということでしょう。

ともかく、友情とか親交とかいうものは、女性が介在することで一瞬にして消え去ってしまうものだということを言っています。結論的に言いますと、女性のいるところに行かない（ここでは「逃れる者」という表現）ことだと言っています。曲がりなりにも一夫一婦制とか近親相姦《そうかん》ご法度の現代とは違った感覚です。

21 「貪欲」について

「貪欲《どんよく》」とは、私欲の中でも最も忌むべきものですが、人間はこの「貪欲」に犯されて数々の失敗をするのです。というより、自分を正当化することで生きていく自己中心な人間は、自分のやっていることが「貪欲」の故《ゆえ》であることに気付いていない場合も少なくないのです。それほど「貪欲」とは恐ろしいことなんです。
では、プタハヘテプが「貪欲」についてどう言っているかを見てみましょう。

「汝の状態良好なるを望むならば、
すべての邪《よこしま》なることより逃れよ。
貪欲より身を守れ。
(貪欲こそは) 不治の業病にして、
その下に腹心の友生まれることかなわず。
父母を不和ならしめ、
同腹の兄弟たちをも (仲違いさせ)、

甘い友人を苦くする。
腹心を主人より遠ざけ、
父母を不和ならしめ、
妻を夫より離婚せしめる。
（貪欲の）悪を〈まとむれば〉（かくの如し）。
貪欲こそ忌むべきことすべて（を入れる）袋なり。
〔……〕
人間は、正義に正しく仕えるならば、生きながらえ、
正義の道に従うものは、
至福に達しよう。
されど貪欲なる者は墓所をもつこと（も）なかろう」
（『古代オリエント集』杉勇・三笠宮崇仁編　筑摩書房　1978年 p.510）

古代エジプトの時代から、貪欲に対する手立ては全くないということでしょうか。人はなぜ、「欲」、特に自分が得をすることに腐心するのかを考えてみますと、これがよく

分かります。

人はまず、「自分がいちばん良い、優れている」と考えています。そのため、自分がこの世でいちばん得をし、幸せであるべきだと考えます。極端なことを言えば、「他人は自分が得するために存在しているのだ」と考えているのです。

ですから、有名人や賞を取った人間を憎んだり、ひがんだりします。「世が世ならあの名声や賞は、この自分のところに来るものなのだ」と断定するのです。冷静に考えてみますと万が一にもそんなことはないことでも、自己肯定の論理ではそうなるのです。

世の中の悲劇はここから始まります。いわゆる被害妄想です。であるなら、この論理破綻をどう防ぐかが、自分が幸せになるいちばんの方法なんです。そのためには、まず自分を徹底的に分析し、真の自分を自分で見つけることです。ほとんどの人はこれができるはずです。

そこで、自分の「分《ぶん》」を知ることです。これが見いだせたら苦しみの多くを除くことができるのです。また、自分が良いと思っている価値観を一度捨てることも一つの救う方法です。ともかく、「貪欲」はここでも言っているように、全てを破壊してしまうのです。

第四章

母・米子の人間力の考え方

1　母・米子とは

本来、この章は日本人が考える人間力とすべきなんですが、日本人の人間力を表す適当なテキストが見つかりませんでしたので、私の母・米子の言行録を載せることにします。なぜ母の言葉をここに載せるかと申しますと、私の母・米子は普通の女性のように見えてそれはもう素晴らしい哲学者だったのです。もちろん78歳で亡くなってからすでに30年ほど経《た》ちますが、母というより私の教祖様という感じでした。

それは私の母の母、つまり祖母が神道系の教団の教祖だったからと思います。もちろん祖母存命中は教団の雑用をして、祖母の秘書のような役割をしていたようです。宗教的な素養があった上に、教祖であった祖母の考えを身近に聞いていたのでしょう。

言うことは的確でかつ短い言葉に真実が含まれていて、子供心にいつも感動していました。世が世であれば祖母の跡を継いで教祖になっていてもおかしくはなかったはずですが、「宗教家は一代限り、血でつなげてはだめ」と母の代で教団を解散してしまいました。のちにこのことに触れ、「本当は普通の暮らしがしたかったのよ。毎日毎日100人近くの人が来て、あらゆる相談事に乗るって、息が詰まるの。家庭の味が欲しかったのよ」と言っていましたが、我が家は皆母の信者でした。「信者三人の小さな宗教団体だね」と私が10歳の時に言うと、「そうね。家族宗教ね」と笑っていました。

実は父は失業中に祖母の教団に入り、せっせと教団の仕事を手伝っていて、祖母に認められて母と結婚したそうで、生涯私の見る限り一度たりとも母に反抗したことがありませんでした。私は小学3年生くらいまでは反抗していたんですが、母の言うことが全て当たっているので全く反抗しなくなって、母が死ぬまで言われ放題でした。しかし、母は私がやりたいと言ったことには一つとして反対せず、好きにやらせてくれたので反抗する要素がなかったのかもしれません。私は母の言葉をメモにして今でもお守りとして持っています。ここではそのうちの少しを載せて、母・米子の人間力の考え方を紹介します。

2 鬼は人の心の中にあるのです

私は「鬼」って実感できません。もちろん実在していない架空の存在ですが、一般的に、割と簡単に「鬼」を認めますよね。「あの人は鬼のようだ」「鬼の生まれ変わりだ」など。その延長なのでしょうか、母・米子はよく「鬼は心の中にあるのです」と言っていました。母・米子の説では、「鬼は鬼として存在するのではなく、ある時は仏にもなりある時は鬼にもなる、変幻自在の存在」ということでした。心の中に何かぼんやりとした白い球状の、気体のようなものがあって、時には仏に、時には鬼になると考えていたのでしょう。

辞書で「鬼」という言葉を引きますと、「恐ろしい姿をした想像上の怪物」とあります。「人の形をしているが、角や牙を持つ怪力の持ち主」ともあります。鬼が出ているものに有名な『竹取物語』がありますが、そこでは、「鬼のやうなるもの出で来て殺さむとしき」（鬼のような生き物が出てきて殺されかけました）と、人殺しをするような存在として出てきます。一方、中国での鬼は死者の亡霊で、人間の身体を離れてさまよう怨霊のようなものです。もともとは「モノ」と言っていたようです。「もののけ」の

「もの」ですね。平安中期には、隠《おん》の末尾に・iの音をつけ、「おに」と呼んだようです。

そして、それらが地獄で人を食うと考えたようです。

また、「鬼」が関わる諺《ことわざ》はたくさんあります。

「鬼瓦にも化粧」

(器量のよくない女性でも、化粧をすれば少しは美しく見えるようになるということ。)

「鬼に金棒」

(強いものが何かを得て、さらに強くなることのたとえ。)

「鬼に衣」

(①表面はおとなしく見えるが、内心に恐ろしいものを秘めていることのたとえ。)

(②〔鬼は元来裸なので〕不必要なこと、また不似合いなことのたとえ。)

「鬼の居ぬ間に洗濯」

138

（怖い人やうるさい人がいない間に、くつろいで息抜きをすることのたとえ。）

「鬼のかく乱」

（普段はとても丈夫な人が、珍しく病気になることのたとえ。）

「鬼の女房に鬼神がなる」

（鬼のような冷酷・残忍な夫には、それと釣り合う同じような女が女房になる。似たもの夫婦。）

など、ともかくいいものがありません。母・米子の言い分は、「普段おとなしくいい人も、いったん損得が関わると、いつ何時鬼のような恐ろしい人になるか分からないから気をつけなさい」ということなのです。でも、なかなか見抜けません。

3　何事もていねいに、ていねいにするのよ

「ていねい」は漢字では「丁寧」と書きます。意味は「他人に対する言動が親切で礼儀正しいこと」「注意が行き届いていること」「念入りであること」とあります。その他に「丁寧語」というのがあって、敬語までいかなくても相手を意識して使う言葉のことで、外国人がいちばん苦手な言葉遣いです。

諺では「丁寧も時による」という否定的な意味のものがあります。意味は「丁寧にするのも時と場合による。肝心な事だけおさえ、あとは間に合わせることが大切だ」と言う意味です。英語では一般的に“polite”を使いますが、“kind”とか“courteous”を使うこともあるようです。時と場合によって使い分けています。母・米子は、ともかく「ていねい」という言葉が好きでした。その半面、「荒い」という言葉が嫌いで、手を抜いたり、人を人とも思わない立ち居振る舞いをしたりする人には嫌悪感を持っていました。そして、この「ていねい」は他人に対してのみを対象としたのではなく、自分自身に対して、というより自分が何かをやる時にこの「ていねい」を使っていました。

実は私も「ていねい」についてはよく理解しているつもりでしたが、それは他人に対

してのみだったことが、ここ5年間に3回の事故に遭ったことで分かったのです。母・米子が亡くなってから長い時間が経《た》ったあとに実感するなんて、何と大ばか者だったのだろうかと今更ながら自分の愚かさを実感した次第です。といいますのは、他人に対しては、何かを説明する場合、くどいくらい「ていねい」に話をしますし、どんな人に対してでも（もちろん敵対している人は別ですが）へりくだって対していました。というより、するように心がけていました。しかし、自分に対しては、その反動というのですか、もともとせっかちなものですから、急いでモノを片付ける癖があったのです。

先へ先へと考え行動するのがいいことなんだと思い込んでいたのです。もちろん、3回の事故はそれぞれ原因は別ですし、対象も別なんですが、根底によく考える「ていねい」さがなかったのでしょう。今は、歩くにも、止まるにも、座るにも、風呂に入るにも、調理をするにも、全ての生活においてひとつひとつ「ていねい」に確認しながらやっています。ですからスピードが倍から3倍遅くなったのです。それらは全て老齢化のせいにしています。

4　杓子定規に考えてはだめ

日本語の同音異義語は面白いですね。例えばこの「杓」ですが、同音のものはいくつもあります。


「勺」尺貫法の容積・要領の単位。

「尺」尺貫法の長さの単位。

「杓」水などをくむ柄の付いた道具で、柄杓《ひしゃく》といわれることもあるもの。

「爵」旧明治憲法で定められた華族の世襲的身分階級。公・侯・伯・子・男の五等があった。

「癪」近代以前の日本において、原因が分からない疼痛《とうつう》を伴う内臓疾患を一括した俗称。

「笏」束帯着用の際、右手に持つ細長い板。

「酌」お酒を注ぐこと。

「釈」釈迦《しゃか》のこと。また、仏教に帰依したことを表すため僧が名の上につける姓。


などです。

皆、違う意味を持っています。ゆえに、一休さんではありませんが、とんちとかダジャレができるのです。さて、「杓子定規」とはどういうことかと言いますと、「杓子」

が持っている本来の意味とは多少違って、「ある一つの基準で判断し、融通が利かないこと」を示します。どちらかと言いますと「勺」に近いものです。使い方の他のバリエーションは、

「杓子馬も主が使えば歩く」（物は使い方、使い手次第だというたとえで、足ののろい馬でも主人がうまく使えばそれなりに歩くという意味から。）

「杓子で腹を切る」（できるはずがないことで、形式だけのことをするたとえ。）

「杓子は耳掻《か》きにならず」（形は似ていても、大きいものが小さいものの代用になるとは限らないことのたとえ。）

などがあります。また、「杓子定規」の意味の中に、「いくら形が似ていても、杓子は定規にはならない」という意味もあるようです。

ともかく、母・米子は女性、特に年を取った女性には珍しく、頭脳は柔軟でした。他

人の言うことを聞いていて、判断できるところになると「ハイ、では○○にして」と言うのですが、「いや、それはだめですね」と反論すると「そう。では○○と××の違い、特にいいことと悪いことを比べて言ってみて」と言うのです。おおむね、比較してみると母・米子の方が正しいのですが、それでも主張せずに一歩引き下がるのです。「いい、突っ張っちゃだめよ。自分の意見を通したかったら一歩引いて、相手にも花を持たせないと主張は通らないのよ」と言うのです。しかし、私はそれが不得手でついつい突っ走ってしまうのです。

5 次よ、次を見なさい

母・米子は過去のことにこだわらず、いつも未来志向でした。それを示す口癖に、「次よ、次」というのがありました。いつまでも過去に縛られず、いつも前を見なきゃ。「次よ、次」ということです。もちろん、過去の失敗はきちんと反省し、失敗の原因を見つけることは大切なんですが、「次の一手」が人生を決めるのだ、くらいの強さがないと人生くじけちゃうというわけです。

母・米子の未来についての考え方は、人生は80年（実際、78歳まで生きました）。そして70歳からの10年間は海や川に浮かんで波やせせらぎのままに浮いている、すなわち何もしないで死を待つものとしていました。ですから、人生（人として生きるという意味の人生）は70年、しかし、生まれてから20歳までは雲をつかむような時間なので、実質は50年間とし、この50年の超長期の生き方を考えること。それをまた10年区切りにして長期の生き方を考え、あとは3年ごとに中期的なもの、そして1年ごと、いや1日ごとの短期的な生き方も考えるというものです。

また、「何もしないでも一日は一日」というのが口癖でもありました。母・米子は低血圧症で朝起きるのが苦手で、いつも10時ごろに起きていましたが、10時からの日課はきちんと立てていました。10時というと私たち（父と私と妹）はとっくに朝食は終わっています。特に、父は朝は6時起床と決めていましたので、私も付き合って起き、まず掃除をします。家の外回り、家の中、特に玄関は念入りにして、お客さまが来ても不快な思いをしないようにしていました。玄関には玉砂利が敷き詰められていましたが、ただ水をかけるだけでなく、週に2～3回は砂利のひとつひとつを洗っていました。また、外回りではお稲荷さんの掃除も念入りでした。

こうしたルーティンワークを行うとき、父は必ず、「次は○○をする」と口に出して言っていました。母は父にぼけ防止のため、電車の運転士さんのように「次は○○します」と言うように言われていましたので、小声で「次は仏壇の掃除」とか「次は台所」などと言っていました。ですから私も、毎朝「次はドアロック」「次は車のキー」「次はオフィスのカギ」「次は……」と小声で言っています。こうした積み重ねがポカを少なくするコツです。「次は新聞読み」などと言った時は30分は何もしなくていいと何か得した気がするのです。嫌なアポイントも、「次は誰々」のように、何回か言っているうちになんとなく前向きになってきます。でもいちばんうれしいのは「次は食事」の声掛けです。

6 神様は見ている

「天網恢恢疎《てんもうかいかいそ》にして漏《も》らさず」という諺《ことわざ》があります。「いくら陰でこそこそ悪さをしていても、天は必ず見ていて報いは必ずくる」と言う意味です。しかし、悪いことをしているやつが100人いるとすると、とっ捕まるのは一人または一人以下だというのが私たち庶民の感想ですよね。黒澤明監督の映画のタイトルのように、「悪いやつほどよく眠る」といった方が実感に近いと思うのです。

しかし、母・米子は口癖のように「神様は見ているのよ」と言っていました。どうも、「悪いやつに報いがくる」という感じより、「良い事をするとそれが報われる」というニュアンスが近いようだと、母の晩年になって分かりました。どうも、母・米子は悪いやつや悪いことをする輩《やから》にはあまり興味がなかったようなんです。テレビのニュースで、悪人が捕まっているところが映っていても「それ見たことか」とか「厳しく裁いてもらいたい」という言葉より、「どうしてそんな事をしてしまったのかしら。きっと裏に深い事情があるのかもしれないね」と言って、むしろ悪者同情論的に表現していました。

一方では、「悪いやつは悪い」という言い方をしていましたが、それは結果論でありまして、「結果には必ず原因がある」と思っていたようです。その反対に、良い事をした人が他人にそれを知られ、褒められるってことには抵抗を持っていたようです。「良い事は他人に知られないほうがいい」と思っていたようです。父は玄関を毎朝掃除して水で洗い流していましたが、私が浪人を長くやっていた時、何だか悪いような気がして父の代わりに玄関掃除を始めたのです。しかし、「お父さんボクがやります」と言えば

「いいんだよ、これは私の仕事だから。お前はそんな暇があったら勉強しなさい」と言うに違いないので、予備校に行く前、毎朝5時ごろに、そっと、玄関だけではなく入口の廊下も水拭きをしたのです。父はいつも6時に起きてやっていましたので、その前にやるようにしたのです。

しかし、私が朝の掃除を始めて1年ほど経《た》ってから耳にしたところでは、父は私が掃除したことを無視するかのごとく、それまでと同じように玄関掃除をし、水を流していたそうです。「どうして二度手間なことをするの」と父に尋ねたところ、その答えは「お前がやっていたのを知らなかったから」というものでした。私はこれを二度手間だと思ったのですが、母・米子はいつものように「神様はちゃんと見ていますから」と言うのでした。きれいにしすぎることはない、訪問客の方も気持ちがよかったということなのでしょうか。しかし、何も二度やることはなかったのにと私は今でも思っています。それを知った後、私は掃除をやめました。でも、父は死ぬまでやり続けていました。

7　聞き学問は大切

父も母も高等小学校しか出ていません。ですが、だからといって学歴コンプレックスを持っていたわけではありません。

①「大学を出たって失業者はいるし、小学校しか出てなくたって田中角栄さんのように総理大臣になる人がいる」

②「ウチの前の私立大学の教授って、毎日毎日ヒマそうに庭を掃除しているけど失業者みたいね」

③「大学の先生で悪いことをする人って恥を知るべきね。私たちが青春を無駄にして働いてきた中、遊んで自分の好きなことしかやってこなかったのに、社会に申し訳ないと思わないのかしら」

④「どうも『文化人』ってうさんくさいのよね。何だか文化包丁の方が社会の役に立っているようだわ」

⑤「大学の先生って本当に常識がないのね。他人にお金借りに来るのに菓子折り一つ持ってこないんだから」

などと言った、知識人・文化人に対しての辛口なコメントは、決して学歴コンプレックスからではなく、学歴に対する尊敬の裏返しからきていると思うんです。私が幼少時代に住んでいた町は、裏の大工さんとウチだけが学歴が低く、あとは皆さん少なくともご主人は大卒でした。そして、勤め先も皆いいところでした。旧大蔵省の役人、銀行の支店長、出版社の編集長、テレビ局のプロデューサー、新聞記者など、そうそうたるものでした。

しかし、その奥さま方に対して私の母は一歩も引かない態度でしたし、近所の奥さまの中でもサブリーダー的な役割を果たしていました。何かの会合でもほとんど口を挟まず、最後にビシッと締めるので定評がありました。いわゆる、とっつきにくい、付き合いの難しい人でしたから、親友と言えるような人はいませんでした。ですから、旅行するにしてもいつも父と2人でしたし、父も職人仲間の親睦旅行には行きませんでした。

そんな母の知識や知恵はどこで培われたのだろうと思っていましたら、それは意外なところでした。無料の講演会なんです。区とか都、そして新聞社が開催する講演会には必ず応募して聞きに行っていたのです。もちろん、様々なテーマでやりますから、聞いてもバラバラな話でつながりがなく、かえって混乱するのではないかと心配していたのですが、母は平気でした。「聞き学問は大切なのよ」というのがその答えでした。医学、政治、経済、科学、スポーツ、芸術、芸能なんでもござれなんです。そして、ノートをとってくるのです。ですから、私が質問をすると2〜3日以内でしたらきちんと答えられるのです。

特に、経営についての話は良く聞いていました。何と株もやっていたんです。聞いたことが頭に入り、他のことと関連付けて考えられるってすごいことで、高校はおろか大学へも行けたのではないかと思う母・米子でした。

8 千里の道も一歩から

母・米子は何か事を起こす時、「何事も千里の道も一歩からね」と言っていました。ウチの職業は和服製作と直販でしたから、経済的には恵まれていた方でしょうか。もちろん、資金的には余裕はありませんでしたが。手描き友禅ですから、製品が常時50反ほどあり、それが担保になり、借金はしやすかったのですが、母・米子は冒険が嫌いで、借金をひどく嫌っていましたので、いつも借金はありませんでした。

しかし、私がエジプトで遺跡発掘を始めると、どうしてもお金がかかりますので、土地建物を担保に借金をすることには無抵抗で、銀行との話し合いを許してくれました。「お母さん、お父さん、申し訳ないです」と言いますと、「もともと土地も建物も持っていなかったんだし、私たちが死ねばどうせお前のものになるのだから、遺産の前払いと考えて遠慮しなくてもいいのよ」と言ってくれました。

妹が「私の取り分は残してよ」と言いますと、「作治は国家的なことにお金を使っているんですから、お前（妹）の個人的なお金は後々」とかばってくれました。年に2回展示即売会を開いて、ダイレクトメールを送り、お客さまを集めて売る時も、計画から準備に入り、展示会開催までの作業工程を母・米子から聞いて私が表にして、それを元にやるんですが、その時も、「千里の道も一歩からね」と毎回、毎回言っていました。即売会で「いくつ売れるか」の予想がいちばん難しいので、母・米子の勘に頼るしかないのです。

母・米子はお得意さまがすでに買ってくださった着物の数とデザイン、帯、小物まで何のメモも持っていないのに覚えていてその上、その家の家族構成も知っていて、お得意さまに適したデザインを父に口頭で伝え、それを父が製作するのです。驚いたことに、ほとんど予想が当たるので、売り上げもそれに伴って上がる、ということが良くありました。「千里の道も一歩からね」の口癖は、いつも展示会が始まる約半年前からの時間割のことを言っていたのです。まず、ノートにお得意さま別のページを見開きで作って、デザインの案を書き（母・米子は字はうまかったのですが、絵はからきしだめでした。一方、父はその反対でしたので、2人はうまくいっていたのだと思います）、電話であらかじめ予約販売をしておくのです。

約百反の絵を描くのですから父は大変です。値段はデパートの10分の1から30分の1でしたから、買って下さる方には喜ばれましたが、売ってからもメンテナンスはちゃんとしていました。

9　元気でぽっくり

母・米子の60歳から78歳で亡くなるまでの願いは、「元気でぽっくり死ぬ」ということでした。毎晩、父と母は神棚と仏壇に向かって（我が家の居間にはこの両方があったのです）約1時間ほどお祈りをしていました。唱えるものは「祝詞《のりと》」と「般若心経」

で、それを何回も何回も何回もやるのです。時々、「作治も付き合いなさいよ」と誘われましたが、15分程度ならいいですけど1時間はしんどいので遠慮していました。でも、「般若心経」の写経や祝詞を半紙に清書することは自ら進んでやりました。

ここでの2人のお願いは「元気なうちにぽっくり死にたい」というものでした。その心は、「寝たきりになって、作治に面倒をかけると仕事に差し支えるから」というものと、「他人に醜い姿をさらしたくないから」というものでした。私の父と母は本当に仲良しでした。正確に言いますと、父が母に押さえつけられ、父はそれをこよなく好ましいと考えていたということです。もしかすると、そういう状態を嬉《うれ》しいと思っているとさえ感じました。それでも父を抜きには我が家は何も決められませんでした。

家族会議は母が進行役ですが、決定は形として父がするというものでした。どっちが賢いのか分かりませんが、いつも2人で仲良く遊んでいましたから幸せだったのだろうと思います。何をするのも2人一緒というのも見ていて気持ちのいいものです。そして、2人はよく、「苦しまないで死にましょう」という会話を交わしていました。そして、父は祖母の命日である7月7日に、母はその半年後の翌年1月の雪の降った日に亡くなりました。父も母も元気とは言えませんが、大病をするわけでもなく平凡に生きていて、ある日ぽっくりと亡くなったのです。毎日お祈りをしていたおかげかもしれません。

父も母も65歳になったところで仕事を辞め、国内外を旅していましたし、近所づきあいや展覧会、講演会や映画と遊び回っていましたので幸せそうでした。そんな中、母・米子がある日ボソッと「私たちは作治を一人前にするために生きているんだから、もういいわよね。あなたも一人前になったから」と言ったのです。ちょうど私が早稲田大学人間科学部助教授という専任職に就いたときでした。それから13年。人生の終わりを楽しく生きたのですから、2人とも幸せだったのでしょう。「元気でぽっくり」を実践した「子孝行」な親でした。

10 嫌な事から始めなさい

「苦髪楽爪」という言葉を知っていますか？「くがみらくづめ」と読みます。意味は「苦労している時は髪が早く伸び、楽をしている時は爪が早く伸びるということ」です。苦労していると髪の毛が白くなったり抜ける量が多かったりしますが、この言葉のように、母・米子は毛や爪の伸びる早さを苦楽の目安としていました。

ともかく、苦しい事、嫌な事は先延ばししたいのが人情ですよね。もうひとつ、これとセットになる言い方で「嫌な事は自分で、良い事は誰でもいい」というのもあります。私はこの言葉を守っています。どうも、私自身軟弱なところがあって、嫌なメールや手紙を読むのは後回しにしたいといつも思うのです。朝、オフィスに行きますと、10通から20通のメールが届いています。コンピューターを開くとザ、ザ、ザーッと画面に出てきます。

もちろん、標題と送信者名しか出ませんが、それらを見てちょっと考えただけで内容は推測できます。ですから、心としてはそこを飛ばして読みたくなるのですが、そこは母・米子の教え通り、嫌な内容と思われるメールから開きます。気が滅入りますし、心穏やかにいられないものも多数ありますが、「冷静に、冷静に」と心で叫びながら返事を考えます。

また、嫌な事のひとつに人と会うことがあります。「嫌ならやめればいい」という生き方を私はしていますので、会わなけりゃいいのですが、やはり会わざるを得ない人もいます。そういう時は、事前に想定問答を書きます。何回でも納得いくまで書きます。

心が落ち着くまで書くのです。結果、いくつもの想定問答集ができますので、それを全部暗記して臨むのです。

そして、絶対反論したり反対したりしないことだけを心がけます。承服できないことには返事をしないか保留します。それと、何かをお断りする時も私が行きます。そしてひたすら謝ります。相手を揶揄《やゆ》したりけなしたりしてはいけません。「全て自分が悪いのだ」という前提で話します。ともかく、やめるんですから、目的を達成するにはそれしかないのです。難しいことですが仕方ないのです。

11 人間食べられるうちが花

母・米子は身長143チセン、体重42キロという超小柄な人でした。顔立ちはともかく、笑顔は素晴らしかったです。でも、めったに笑顔を見せませんでした。いつもキリッとしていましたし、何か、「失敗は見逃さないぞ」といった雰囲気を醸し出していて、いつも会う時には緊張していました。それでも、毎日顔を合わせるわけですから、毎日が緊張の連続だったのです。

超小柄な体形を保っていたのは食べないからだろうと思われる方が多いかもしれませんが、実は50歳くらいまではよく食べていたんです。話を聞くと、20代の頃は体重は50キロを超えていて、だるまさんのような体形だったということです。私が知る限りでは太っているとか小太りといったことはなかったのですが、ともかく晩年は食が細かった記憶があります。それと牛肉を食べませんでした。牛肉を食べることと太るとか太らないということは関係がないと思うのですが、牛肉は食べても1年に2回が限度でした。それは私と父の誕生日の食事でした。

ステーキが好きな父とすき焼きが好きな私のための2回の牛肉でした。ですから、家の料理には牛肉はほとんどありませんでした。肉じゃがも豚肉でしたし、すき焼きも普段は豚か鶏でした。その小食な母が、60歳を越えてからはもっと小食になったのです。ですから力仕事は一切できませんし、風の強い日は外に出ると飛ばされてしまいそうになるので家にいました。

そんな母・米子の口癖は「人間食べられるうちが花よね」でした。ともかく食べないのです。70歳を越してからは体重40キロを超すことはなく、亡くなる直前は32キロくらいしかありませんでした。ですから、外食しても自分の分は注文せずに父の分を少し分けてなくもらっていました。ご馳走しても張り合いがなく、自然と一家で外食というのはなくなったのです。食べないから根気が続きませんので、他人の話を聞くのが辛《つら》そうでした。食べないことには一丁前の仕事はできないということです。

12 嘘つきは泥棒のはじまり

この言葉はあまりにも有名であり、誰もがマヒしている感覚だと思いますが、私は母・米子のこの言葉を、実体験をもとに固く信じています。その嘘つきとは甥《おい》っ子です。ともかく、生まれながらの嘘つきです。きっと、生まれてからいろいろあって、嘘をつかないと自分が守れなかったのかもしれませんが、ともかく大嘘つきで泥棒なのです。その男の父親ががんで亡くなる前に、「作ちゃん、息子を頼むよ」と言われてしまったので、仕方なく面倒を見ることにしました。はじめの方は他愛のない嘘でしたから、あまり気にならず、笑って済ませていましたが、途中から金銭が絡んできましたので、これはまずいと思い破門したのです。

しかし、エジプトの何をかをやっていて、今でも人々を騙し続けています。まず、いちばんの大嘘は「早稲田大学卒」という経歴を使っていることです。私のところにいましたので、他人はそう見るかもしれませんが、本当は東洋大学中退です。しかし、いちいち「卒業証書を見せろ」と言うわけではありませんから、これが通ってしまうのでしょう。その男は、テレビ局の取材を請け負う現地コーディネーターというのをやっていました。そこで、撮影料を「ドル」と「エジプトポンド」に交換するのです。撮影料の領収書はポンド表示ですが、その単位をドルに換えて、そこで差額をかすめ取るのです。当時、エジプトポンドとドルでは3倍くらい違いましたから大儲けです。

一度、親しくしていたテレビ局のディレクターに、「ひどすぎる。先生の名が傷つくから注意したほうがいいよ」と言われたので、呼んで問いただしたのですが、「そういうことはやっていない。証拠を見せてほしい」とサスペンス映画の犯人のように居直るのです。話していてこっちが恥ずかしくなりました。今はどうしているのか分かりませんが、いろいろな局を騙し続けているのでしょう。しかも、エジプト人の役人と組んでいるのでたちが悪いんです。母・米子は死ぬまでこの男のことを気にしていました。「私の致命傷にならなければいいが」という点においてです。

今のところ、私に直接の害は及んできていませんが、きっと幾人かの被害者は出ているのでしょう。嘘をつく人の気持ちが分からないので、私は嘘を見破ることができません。嘘をつかなくても生きていけますし、その方が気持ちがいいと思うのですが、嘘つきの人には通用しないでしょう。もちろん、エイプリルフールのようなジョークにつながる、笑って済むものはいいと思います。しかし、私は、ジョークは大好きですが、嘘がベースのジョークは考え付きません。「嘘つきの真相」みたいな本が出たら読んでみたいと思いますが、なぜ人は嘘をつくのでしょう。

政治家の中にも嘘をつく人がいるようですが、嘘つきというより、悪いことを隠そうとして、つい、ついてしまう嘘みたいなものがあるような気がします。もちろん許されることではありませんが、少し気の毒だなあという気がします。が、金儲けのための嘘は何とか重罪に処せないのでしょうか。嘘を証拠づけるのはかなり難しい気がしますが。

13 生活感のない人はだめ

「生活感のない人」って魅力がありますよね。特に女性の場合はそうでしょう。女優のオードリー・ヘプバーンが家庭で食事をしたり寝たりするってところを考えたことがありませんよね。ましてや、おならをするなんて考えたこともなければ、考えたくもありません。もし食事の後、食器洗いなどしているところを見たとしたら、一気に百年の恋もはかなく消えてしまいます。

しかし、「生活感のない人」って少ないです。一口に「生活感」と言ってもいくつかのパターンがあります。例えば、よれよれのシャツを着て、破れたジーパンをはいて、かかとを潰した靴を履いている若者を見た時に生活感を感じるでしょうか。その若者が、ファッションとしてこういう格好をしているのか、貧乏でいい洋服が買えないから仕方なくこうしているのか分かりませんが、どちらにしても生活感は感じられません。

「生活感」というのは、生活している証しが行動や言動に出ていないといけないわけです。例えば、冷蔵庫にビールやワイン、せいぜいチーズしか入っていなければ生活感がないと言えます。その反対に、冷蔵庫の中に野菜や牛乳、バター、チーズ、ハム、卵など、冷凍庫にご飯や食パンや冷凍食品がぎっしり入っていれば生活感あふれる人と言えます。

衣装も、変なスタイルのものを着て目立っているより、きちんと洗濯し、アイロンのかかったワイシャツやブラウスを身に着けている人の方が生活感があると言えます。すなわち、母・米子が「生活感がない人はだめ」と言ったのはそういうことだと思うのです。人間は、生命があって、生活があってこそ人生があるわけですから、中心は生活なんです。何で生きているのかがはっきり分かる暮らし向きをしてこそ、生活感が溢《あふ》れる生き方なんです。

この言葉は、母・米子が、私の妹に対して夫を選ぶ時に言った言葉ですが、残念ながら、生活感の全くない男を選びました。結果は言わずもがなです。

14 他人が嫌がることをやるのよ

人間ってなぜか被害妄想に陥りやすいんです。例えば、「他の人はやらないのに、なぜ自分だけこんなことをさせられるんだろうか」、「先生に嫌われているんではないだろうか」、「自分は人が良いから押し付けられているんではないだろうか」、「自分が弱いからつけ込まれているんじゃないんだろうか」などなど。子供の頃、そう思う人は少なくなかったでしょう。

いじめとは違う意味での自己嫌悪的な症状です。でも、その結果、その子に与える心理的な悪影響は大きなものがあります。小学校時代の動物舎の掃除やトイレ掃除、廊下磨き、いわゆるつらい仕事をさせられたことからくるストレスです。今では学外の清掃業者などがやって済ませているのでしょうが、私が子供のころは全て子供がやっていました。私がいちばん嫌だったのは職員室の掃除でした。ともかく、当時の男の先生はほとんどがタバコを吸っていましたから、机の上の灰皿は吸殻が山盛りになっていまして、異臭を放っていました。それをバケツに水を入れて回収してまわるのですが、水に入ったタバコの吸い殻の臭さはたまりませんでした。

でも、私はいじめられっ子でしたので、必ず掃除の時間は職員室を担当させられ、毎日この臭さに苦しんだのです。あまりの辛《つら》さにある日、私は母に言いました。「お母さん、担任の先生に職員室の掃除をやめさせてほしいと頼んでくれない？」と。すると母・米子は、「どんなに辛いことがあっても、お前が嫌だと思うことは他人も嫌なのよ。お前が抜ければ、この嫌なことは他の人に回っていって、その人がお前と同じように嫌な思いをするのよ。辛いこと、嫌なことが回ってくるのは、神様がお前を選んで試しているんだから耐えるのよ。ここで投げ出したら、一生お前は辛いことから逃げ続けないといけないのよ」と言うのです。ここまで言われると従うしかありません。

しかし、その後しばらくして職員室の掃除当番は灰皿を片付けなくてもよくなりました。灰皿はタバコを吸った人が片付けることになったのです。きっと母・米子は担任の先生に直談判をしてくれたのでしょう。誰も何も言いませんでしたが、灰皿を片付けなくてよくなった私は、職員室の掃除が楽しくなったのです。といいますのは、先生方が本音で喋《しゃべ》っているのを聞いて、「先生も普通の人と同じだ」ということが分かったからです。

15 長短なく

落語の話に「長短」というのがあります。気の長い「長さん」と気の短い「短七」のやりとりが面白いのですが、本当にこの世の中、気が長い短いでずいぶん違ってきます。総じて、偉くなっている方は気が短いですね。「気が短い」というより「決断が速い」と言った方がいいかもしれません。「目から鼻へ抜ける」というような言い方もしますが、コトの判断にかける時間は人によって様々です。

すぐに決断する人の欠点は、相手の話をおしまいまで聞かないうちに考えをまとめ、それをもとに指示を出すことです。うまく当たればいいですが、外れると大きく損をします。しかし、デイトレーディングなどはもたもたしているときっと儲けそこなうんでしょう。せっかちな人のいちばん嫌なところは、自分がせっかちであることが分からない上に、他人に判断をすぐ迫るところです。また、いくら考えても考えのまとまらない優柔不断な人は、いくら時間をかけようが話はまとまりません。

私も割とせっかちな性分ですが、物事の判断には時間をかけます。というより、他人に何か言われて、すぐに決めるということをやめています。何か物事を言ってくる人は、言う前にいろいろ考えた上で話すわけです。一方、それを聞く私は、当然ですが初めて聞くわけです。ですから、話が始まった時にはすでにハンディがあるのです。

答えをせかす人の多くは、「自分の考えに同意しろ」ってことで話していますから、「YES」と意思表示をしないと怒るのです。しかし、これはフェアではありません。ですから私は「1日考えさせてください。それがだめなら私の答えは考えずにNOです」と言います。このやり方は母・米子に教わったのです。「物事は長短なく決めるのが一番よ」ということです。長は1日以上、短は1分以内、よって、判断には1分から24時間の間がいいと言うものです。

まず、相手が言ったことや判断しなくてはならないことの分析をします。分析をする際、白い紙にその状況を書きます。そしてその状況をあれこれと動かしてみます。これに1時間から2時間かかります。しかし、そこで得た結論を相手に言ってはだめです。いったん忘れて、違うことを2~3時間やるのです。そして、あらためて紙を見直して、初めから考え直してみます。それに1時間くらいかけます。

そうやって結論を出し、相手に伝えるのです。とは言うものの、私もわいわいせっつかれたせいで結論を早く出してしまい、結果的に失敗したことがあります。いちばん最初に思いつくのは、「必ず値が上がる」というベンチャービジネスへの投資です。その会社はいまだに倒産していませんので詐欺ではないんですが、上場もせず、かと言って配当があるわけでもなく、結局投資した分取られたのと同じです。少し余裕があった時の心の隙間風にやられたのです。

16 目上を敬う

『論語』に出てくる言葉のようですが、母・米子は『論語』を知りませんでした。おそらく、江戸時代の朱子学の理想形が明治、大正、昭和初期に脈々と続いていて、昭和の初期には日本の文化として根付いていたのでしょう。母・米子の口からはよくこの言葉が出ていました。

「目上を敬う」というのは聞こえのいい言葉ですが、バカな目上に当たるとがっかりしてしまいます。オヤジギャグをとばすくらいは許せるとして、自分では何もやらないのに部下に命じてばかりで、なおかつ、うまくいくと自分の手柄、うまくいかないと部下に責任を押し付ける、というひどいやつです。

「こんな人いるのかしら？」と思われる方もいらっしゃるでしょう。しかし、実際、こういう人はたくさん世の中に生息しています。「ふざけるな！」と思っても、その言葉を言ったら最後、その部下の生きる道はなくなります。そこでじっと我慢します。

しかし、不思議なことに、その無能な上司が定年とか、部署換えでいなくなり、自分が上司になると、これまでにされたことと同じことをしてしまう人が少なくありません。嫁姑《よめしゅうとめ》の関係に似ています。

では、どういう上司、目上が敬われるかと言いますと、これはなかなか難しいです。民主的にいちいち何かを決める時に部下に聞いていると、「無能な上司」とか「優柔不断な上司」「自分を持っていない上司」ということになってしまいます。「それじゃどうすればいいのよ」ということになります。

私見ですが、まず、何か決定をしなければならないことがあった場合、議論すべきアジェンダ（議題）をあらかじめ知らせておいて、数日後に参加者が一堂に会した時に、一人一人に意見を言ってもらう、何も言わないやつは二度と呼ばないこととして、一通り私見を述べる。

その時、上司はいちいち口を出してはいけないのです。そうして、それをまとめて総括する。できれば出た意見を分類するくらいしてやるといいですね。そして、その場では決定しない。会合が終わってから（録音していればそれを聞いて）、再度考えて、結論付け、部下に決定を言い渡す。

これを私は「民主的独裁制」と呼んでいますが。こうすることで部下の考えを知ることができますし、多数意見、少数意見のそれぞれの良い点、悪い点が分かります。いい意見がなければ、自分独自の意見に決定することもできます。

こうすることで、部下は「自分も決定に参加した」というプライドが持てます。こういう上司が、「敬うことのできる上司」なのではないでしょうか。

確かに、食事をおごったり、部下の私生活をよく知っていて相談に乗ったりといろいろ手練手管はあるでしょうが、うまい間合いを持ち、良い仕事をし、良い結果を残すのが、「敬うことのできる上司」だと思います。

そんなふうに母・米子は考えていたのではないでしょうか。

17 後出しはだめよ

「だから言ったじゃないの」という言葉は母・米子には禁句です。なぜかと言いますと、何事も終われば結果が出ているわけで、その結果を見て、「自分は初めから分かっていた」という優越感を持つことが「人間として卑怯だ」というわけです。

人間、これから何が起きるか分からないのが普通の人で、それを見破るとか予測することはほぼ不可能というのが母・米子の言い分です。

しかし、母・米子の母、私にとっての祖母は神道系の宗教団体の教祖で、困っている人にその人の未来を見てあげてその人を救うのを仕事にしていたわけで、「これは矛盾していないか」と問うと、母・米子は言うのです。

「何にもおかしくはないのよ。母（名前は田中ヤスと言いました）は神様にいちばん近い人で、普通の人じゃないのだから」と。私は普通の人、普通でない人の区別はよく分かりませんが、母にとって祖母は特別な存在だったのでしょう。

良く考えてみますと、「後出しじゃんけん」の人はたくさんいます。いかにも知っていたふうな人も腹が立ちますが、地震の後で「私、この地震が起きることを知っていたんだ」と言う人がいます。この言葉を聞くたびに、「それなら起きる前に言ってくれれば多くの人が死ななくて済んだのに」と、怒りよりもその人のことを情けなく思ってしまいます。人の生死がかかっている場合に知ったかぶる人は人間的にだめでしょう。

「後出し」にはいくつかありまして、いちばん多いのは「下司《げす》の後知恵《あとぢえ》」（愚かな者は必要な時に良い考えが浮かばずに、事が終わってから良い考えが思いつくものだということ）的なものですが、それで終わっていればいいものを、思いつくとすぐに口に出す輩《やから》がいるのです。「実はね……」というわけです。

こんなのはまだいい方で、もっとひどいのは、他人に言わせるだけ言わせておいて、議論が一段落したところで「それはねえ、少し考えが足らないんじゃないの。それを言うならば……」となる人です。この手の人が一体何を目指しているのか分かりませんが、少なくとも、「自分がそこにいる誰よりも頭がいい」ということを示したいようです。何でもかんでも先走って口に出すやつも度し難いですが。それはまあ、かわいさもあります。しかし、後出しのやつには全くかわいげはありません。ともかく、母・米子は私に「後出しじゃんけんは人間として許されないことなのよ。くれぐれもやらないようにね」と念を押していました。

18 人生、歩が大切なのよ

母・米子は将棋ができませんでした。将棋どころか、碁、花札、マージャンなど、何もできませんでした。できないというより嫌っていました。

「人生がギャンブルなのに、小さなギャンブルに手を出して大きな痛手を負うなんて、ばかもいい加減にすべきだわ」と言うのが母・米子のギャンブル観でした。

ですから、競輪、競馬、競艇も含めてすべて嫌っていました。スロットマシンも本人は存在すら知らないまま死んだと思います。そんな母・米子は、「ギャンブルで、もしかすると当たるかもしれないわね。しかし、それは偶然だし、二度とは当たらないでしょう。でも、一度当たるとその快感が忘れられず、続けてやってしまい、結局破滅するわけよ。

しかも、一度当てると、人生でいちばん大切な『運』を一つ失うわけなの。『運』はいちばん大切なことに取っておかないとだめなのよ。幸運という女神様は一生に三度しか近づいてくれないし、また、凡人はそれに気が付かないのよ。

もし気づいても、捕まえ方が分からないの。というのも、幸運の女神様の髪の毛は前にしかなくて、後頭部はつるつるで、気づいて手を伸ばしても幸運の女神様の毛は取れないの。だから『運』っていうものはとても捕まえ難いのよ」という独特の幸運論を持っていました。

その母・米子が「人生、歩が大切なのよ」言うのです。「歩」って何だか分かっているのか聞いたところ、「一兵卒でしょ。位のいちばん低い兵隊さんのことでしょう」と。分かっているのです。

なぜ、「歩」が大切かと言うと、「人間はほんの一握りの人を除いて、歩から始まって王将に向かって人生をひた走る」というのが母・米子の理論です。また、「もしそう思わない人は脱落者で、人生という道の端の溝に落ちて犬死する」という恐ろしい人生観を持っていました。

「しかし、歩は犬死にしなくて済む方法があるのよ。それは成金よ。成金にさえなれば、前後左右どこにでも行け（本当は金と同じ動きですから、斜め後ろには行けないんですが、ここは小さいことにこだわらずにいきましょう）、王将すら取れるの。

また、たとえ成らなくても、歩のままでも運が良ければ王将は取れるし、金でも銀でも取れるし、敵の攻撃を防ぐこともできるの。人生、歩を侮ってはだめ」というのです。

「歩の無い将棋は負け将棋」とはよく言ったものです。私も歩にならって生きようと思ったこともあります。今や王将になった気でいるのはだめなんですね。

19　まず「ハイ」と言いなさい

母・米子は、私たちの返事に「ハイ」以外期待していませんでした。かといって、全て自分の意見を通そうというわけではなかったのです。

「作治◯◯をしてね」と言われた時、「でも、今自分は△△をしているので」と言いますと「デモは労働組合にまかせて、まず『ハイ』と言いなさい。それから今の状況を説明して、結局、誰がこのことをするのか決めるのがいいのよ」と言います。

それなら「『でも、今自分は……』と言った方が話は早い」とか、「他人には他人の都合ってものがあるでしょう」と言っても「答えは『ハイ』しかない」と言い張るのです。

考えてみますと、目上の人間が下の人間にモノを頼む時は、いろいろ考えた上で頼むわけですから、それに対して一刀両断に「でも、だめ」と答えたのでは身もふたもないというんです。

もう一歩踏み込んで言うのなら、断るということは目上の人に恥をかかせることになり、それは人としてあるまじき言動というわけです。私としてはどうもここまで考えるのは行きすぎとしましても、確かに、目上の人が下にモノを頼むのはかなり勇気のいることだと思います。というより、自分自身年を重ねてからそれを感じたと言っていいと思います。

私は「頼まれ上手の頼み下手」という性格ですので、めったなことで人にモノを頼みませんが、やはり人にモノを頼む時には思い切った決断がいります。それに反して、人からモノを頼まれますと「ＯＫ」というケースがほとんどです。

もちろん、借金の保証人になるなんて金銭にからむことはしませんが。なぜ人にモノを頼まれた時すぐに「OK」するかといいますと、自分が他人にモノを頼んだ時に断られるのが辛《つら》いからです。

それと、頼んだ人は頼む前にかなり考えた上で頼むわけで、そこまでして自分に頼むってことは切羽詰まっているのだなと思うからです。また、世の中何事も、自分のやったことはそのまま自分に返ってくると考えているからです。

また、おそらく一回断れば、自分が何か頼んだ場合に一回断られると考えるのです。他人の期待を裏切るのが心苦しいということもあります。

しかし、その根底には子供の頃、母・米子に「まず『ハイ』と言いなさい」と言われたことにあると思うのです。

20 初々しさがなくなってきたらおしまいよ

母・米子の口癖に、「物事に慣れてしまって、繰り返しの仕事になったらだめよ」というのがあります。「どんなことでも初めてやった時の初々しさが必要」ということです。

それは、物事だけでなく、人との付き合い方にも重要なポイントなのです。とかく人間って、何回も会っているうちに馴れ馴れしくなって付き合い方が荒くなり、とどのつまりはけんかになってしまうか、一方が気分を害して去っていくことになりがちです。

人間同士の付き合い方でいちばん大切なのは、最初に会った時のスタンスを守り続けることが長く続くコツみたいなものです。何事も「慣れ」って恐ろしいもので、また、これになかなか気が付かないことが多いのです。

しかし、「初々しい」ということはとても難しいことです。物事に慣れてきますと、いろんなことに対して「まず大丈夫」と思いがちで、チェックが甘くなり、失敗をしでかすのです。

「なぜいつもできているのに失敗をしたのだろう」と思うことってよくあります。それは、慣れてしまって物事をする時に細心の注意を怠るからです。何事も初めての時は準備にも細心の注意を払いますし、実行する前に何回も計画をしますし、頭の中でシミュレーションをします。しかし、何回も同じことをやっていますとついつい手を抜いてしまうのです。

それがプログラムの誤字とか打ち合わせ資料の誤表記くらいならいいのですが、肝心な、接待する人の名前が抜けていたり、セレモニーの式次第が抜けていたりすると致命的です。

そういう失敗をしないためにも、どんな時でも「初々しさを忘れないこと」が重要なんです。

21　前へ前へと

この「前へ前へと」というのは、「前進する」という意味ではなく、「物事をやる時に先のことを考えて手を打ちなさい」ということなんです。

例えば、「朝起きたら、家に出るまでにやることを思い浮かべ、何かを始める前に全部の用意をまずしときなさい」ということです。当たり前のように思いますが、これは結構大変なことです。

1日の仕事を大きく分けると、①起床から家を出るまで②家を出てから研究室に行くまで③研究室または外出しての仕事④研究室から家に帰るまで⑤家に帰ってから寝るまで——。1日はこの繰り返しです。この中で、③の研究室での仕事の代わりに地方出張があったり、外国出張があったりします。

そして、休日の時間配分もあります。こうしたことを私は「ライフデザイン」と言い、（1）1日（2）1週間（3）1ヵ月（4）1年（5）3年（6）5年（7）10年（8）死ぬまで――、に分けて表を作っています。（8）の死ぬまでは分からないだろうと言う人がいると思いますが、自分で勝手に設定し、あとは修正していくのです。

例えば40代はじめ（実はこれを始めたのが41歳なので）は、50歳を一応死ぬ時と決めましたので、10年の設計でよかったわけです。次に50歳になった時に健康状態も良かったので、65歳に「死」を設定しました。次に60歳になった時には、やはり70歳は大丈夫だろうと70歳を「死」にしました。そうこうしているうちに何と70歳を越してしまいましたので、今は80歳です。

その間にいちばん変わったのは生前葬の年です。はじめは60歳にしていましたが、今は80歳にしたのです。といいますのは、文科省の科学研究費が採択されましたので、77歳まで研究を続けないとだめなんです。そこで、77歳になったあと、3年くらいで生涯の研究をまとめようと考え、80歳を生前葬としたのです。しかし最近、新しいプロジェクトをエジプトで始めまして、それでいくと全て10年延ばさないといけなくなりました。予定は勝手に作りましたが、10年延長した分、健康に気を使わないといけなくなったのです。嬉《うれ》しいことですが、苦しいことでもあります。

まあ、人の生き死には予定通りいかないので、お遊びみたいなものなんですが、1年間のこととなるとかなり真剣です。もちろん、後から後から新しいことが入ってきますので、スケジュールにも遊びを作っておかなければなりません。しかし1日1日は大切です。

まず、朝起きて、風呂に入って、朝食をとって、洋服を着て家を出ます。この時、全てのことは前の夜の寝る前に準備しておくのです。着る物、履く靴、持ち物まで全部そろえておきます。家を出る時は、研究室の鍵から始まって、最初にやることまで考えておきます。研究室で着替えますので、それも前の日にそろえておきます。

こうした生き方は、母・米子に口すっぱく言われ、いつも先のことを考えて行動する癖がついたからでしょう。しかし、ちっとも息苦しくありません。むしろ楽しいのです。2時間後のことが手にとるように分かるからです。

人と話す時にも何回もシミュレーションをしておきます。ですから、めったにミスをしないのです。しかし、時々忘れます。そこが生きている証拠でいいのです。

22 開けたドアは閉める

「開けたドアは閉める」、これは当然のことですが、結構、開けっ放しにされることが多いことも事実です。

沼袋に建てた2軒目の家は私が設計し、大工さんに修正していただいた家ですが、扉が多かったんです。ほとんどが引き戸でしたので、開け閉めにスペースをとることはなかったのですが、1階部分には扉というか仕切り戸がありました。

台所とは2部屋がつながっていました。その他、居間も2部屋、父の仕事場は3部屋、客間は3部屋、父のオフィスは3部屋とつながっていまして、下手をすると居間から父の仕事部屋に行くのに3つの戸を開け閉めしないといけませんでした。

話はすぐ終わるので、つい面倒になり扉を開けっ放しで行きますと、母・米子は後からついてきて、「開けた扉は必ず閉めるのよ」と閉めていくのです。2階も私のベッドルームと書斎と友人が来た時の客間がセットでありましたが、別々の扉でした。息苦しくないように普段は3つの部屋の4つの扉を開けて空気を入れていても「開けた扉は必ず閉めるのよ」と閉められてしまいました。

母・米子は部屋の扉はどうでもよかったのでしょう。「いったんはじめた事は必ず完結しなさい、もし続けている事でも、いったん締めなさい」ということを言っていたのだと思います。母・米子はひとつひとつの事に必ず結着をつけていました。「ペンディング」という言葉はなかったのです。

何かを頼んで、それが進まない時、2〜3度は催促しますが、それでも埒《らち》があかない時はやめてしまいます。頼んだ人に頼み事を打ち切る旨を言うのです。頼まれてもやらないで延ばし延ばしにする人がよくいますが、それを防止するというか成敗するというか、結着をつけるのです。

その代わり、頼まれた事はすぐやっていました。そして、見通しを先方に告げ、結末もきちんと報告するのです。また、そうしたことを必ずノートにつけていました。今はそのノートがなくなってしまって大変残念なのですが、その几帳面さには頭が下がります。

私は今でもそれを真似て、ノートではなくA4のコピー用紙に、「やらなくてはならない事リスト」を作り、毎週チェックしています。A4の紙を4つに分け、①特急でやること②普通のスピードでやること③いつかやった方がいいこと④受けた原稿依頼のカテゴリー――に分けています。

そして他人に頼む事には右向きの矢印を、自分でやるべき事には赤丸、向こうから来るものは左向きの矢印（まるでスマホの着信記録のように）をつけて、毎日仕事を始める時、デスクの前に座った時それを見ます。そして済んだものには赤マジックで横線を入れます。

毎週毎週書き直していると、それを毎週書くのが嫌ならいっそ結着しようと思うのです。ともかく「開けたら閉める」思想を日常で行うことで、母・米子の教えを守ることにしています。

23 欲ばりはだめよ

私の父・三郎はめったに口をきかない人でした。第一の理由は、母が饒舌《じょうぜつ》な男を嫌っていたからだと思います。「男は黙っている時が花よ」が口癖でした。ですから私も母・米子の前ではあまり口をきかないようにしていました。

まず芸能ネタは大嫌い、スポーツも分からない、テレビ番組もニュースかクイズ、ドラマは恋愛ものはだめで、刑事ものだけという具合でした。食事は、家族団らんというより、しっかりかんで早く食事を終わらせるというふうでした。

食事中にテレビを見ることもダメ、もちろん父が新聞を読みながら食事をするなんてことは全くなし、さらに、食事の前には仏壇の前に座って「いただきます」と言うのです。聞いているとなんて堅苦しい家だと思われるでしょうが、やっている人たちはけっこう覚悟の上ですからそれなりに楽しいです。

ただ、こうした堅苦しさは一家4人の時だけでした。いったん他人が入ると全く違ってしまうのです。お客さまが来ると、カラッと明るい一家になるんです。お客さま次第で何でもOKでした。大学生の時は毎日のように私の友人が来ていましたので、堅苦しい行事はせいぜい1週間に1～2回で、あとは「アハハ、アハハ」と笑いころげる夕食でした。

表裏のある家族生活でしたが、他人の家はどうなっているなんて考えたこともありません。ですから、夕食の時の話題はわりと堅いものが多く、言ってみれば説教みたいな母・米子の言うことを「はい」とか「そうね」と聞いていました。

その中でもいちばん多く出た話題は、「欲」についてでした。「身分相応」とか「ほどほど」「上を見たら切りがない」「衣に合わせて身をつくる」などといったもので、「人間欲をかいたら切りがないから、相応の暮らしをするの」が口癖でした。

私は「欲」をよく知らなかったのですが、「偉くなる」とか「お金持ちになる」とか「有名人になる」のがいけないのかなと思っていました。それならばとても生き易いので、それはとてもいい教えだと内心思っていました。しかし、高望みはいけないけれど、何か目標をもってステップアップしていくという生き方はいいと思っていました。

私がエジプト人の女性と結婚する時も、「作治、これで有名になろうなんて考えじゃないでしょうね」と念を押されたくらいです。外国人と結婚して有名になるなんて考えてもいませんでしたし、そういう例もなかったので「もちろん違うさ。エジプトでタダで暮らすための方法なんだよ」と答えていました。

しかし、事はそううまくいかず、同じ時期に、イヌイットの女性と結婚した人と台湾の先住民の女性と結婚した人がいて、3人ひとからげで女性誌に取り上げられた時は、母・米子にこっぴどく怒られました。

しかし、私はそれで有名になりたいとかいう欲もなく、ただエジプトで暮らしたいというだけでしたので、雑誌に掲載された後、すぐエジプトに行ったのです。エジプトは、エジプトの女性と結婚するとタダで居住権がもらえるのです。ですから、私は合理的な生き方を選んだのです。

24 えばっちゃだめよ

正確に言うと「えばる」じゃなくて「威張る」ですが、東京風で「い」が「え」になっているのでしょう。

しかし、世の中「威張る」人って多いですね。何を威張っているのか分からないほど、大したことではないことを威張ります。

まずいちばん多いのは「地位」でしょうか。次に「富」、つまり「お金を持っていること」や「高価なモノを持っていること」、そして「暮らしぶり」、「知性―出身大学」などです。

「威張る」のと「自慢」は少し違うと思うのですが、他人を低く見るという点では根は同じでしょう。「威張る」は言葉だけでなく、態度にも出ます。もちろん同時に出る時の方が多く、これは他から見ていて見苦しいのですが、本人は気付いていないか、当然と思っているか、あえてそうしているかのうちのどれかです。

まず、他人に声をかける時「おい」と言います。その時、指さしたり、あごをしゃくったり、次に「お前」と言ったり、ともかく全ての他人を見下しているのです。こういう人に「人は生まれつき上下はなく平等です」と言っても無駄ですし、逆にコテンパンに叱られるのがオチです。

「おい、お前、何々をしろ」というのが典型です。しかし、家庭内で夫が妻に「おい、お茶」と言っているのも威張っているうちのひとつでしょう。きっと外で上役とかお得意さまにやられていることを家では妻に対してしているのでしょう。卑怯というか、せこいという感じです。

うちの父と母の場合は、母・米子の方が強かったので、父が母・米子に「おい」なんて言っているのを見たことがありません。父は仕事をしていても休みの時は母をいたわって、居間でお茶を入れ、お茶菓子を皿にのせて出していました。

そんなこともあり、母・米子は「えばっている人」が大嫌いでした。また、自慢する人や、自慢することも大嫌いでした。考え方によれば良い人生を歩んだ母・米子ですが、父の作った和服を売るのは母でしたから、母は販売する相手がどんなに「えばって」も、反論することなく聞き流していました。

「お母さんよく我慢できるね」と私が言うと、「聞いてないのよ、その人がえばっているる時は。でもね作治、どんなに偉くなってもえばっちゃだめよ。品格が落ちるから」と言っていました。

しかし、私は74年間威張れるものがありません。一度くらい母・米子に威張ってみたかったです。

25 おっくうがっちゃだめよ

「おっくう」とは漢字で「億劫」と書きます。起源は仏教用語で「おっこう」と読むんですが、それが民間で使われるようになり、「おっくう」と読まれるようになりました。

本来の意味は、古代インドにおける最長・極限の時間をいいます。いわゆる「無限」に近い意味です。すなわち「一劫」があり、その一億倍が「億劫」なんです。「一劫」とは、仏典では、40里四方の大石を、いわゆる天人の羽衣で100年に一度払い、その大きな石が摩滅して無くなってもなお「一劫」の時間は終わらないと譬《たと》えています。

それが転じて、「時間が長くかかる」となり、ついには「面倒くさい」となるのです。

母・米子はそんな深い意味は分からず「物事何をするのにもおっくうがっちゃだめ」と言ったのです。「一見、面倒だと思うことも、ひとつひとつ丁寧にやっていくと意外と面倒でない場合が多い」とも母・米子は言っています。

私は、あることに集中しているとき、母に「作治、○○やってよ」と言われると、つい「おっくう」に思い、「今手が離せないんだ」と断ってしまうことが少なくありませんでした。

しかし、そのたびに「まず返事は『ハイ』でしょう。そして『分かりました』と言い、仕事の順番は自分で決めてやればいいのよ。おっくうがっちゃだめよ。おっくうがる人は世の中では好かれないからね。大切なのは世の中の人に好かれる人になることよ」と言われました。

反論したいのですが、母・米子の論はいつも正論ですので、「ハイ、分かりました」と言うしかないのです。それが何とも悔しくて仕方なかったのです。ですが、今考えてみますと、ごく当たり前のことを当たり前に言っているだけなんですが、若い頃はそれに反発するのです。

考えてみますと、おっくうがりますと、他人はそれを見て「こいつは当てにならないやつだ」と思うでしょう。ですから、私は何でも進んでやることにしています。

26　いじけちゃだめよ

母・米子はいつも「いじけちゃだめよ」が口癖でした。しかし、私はいじけるどころか伸び伸び育ちました。「いじける」というのは、「恐ろしさや寒さのために縮こまって元気がなくなる。自信をなくし引っ込み思案になる。すくむこと」が辞書に載っている「いじけ」の解釈です。

この類語に「ひがむ（僻む）」というのがあります。意味は、「物事を素直に受け止めず、自分だけが不当な扱いを受けていると考えること、すねる」というものです。私は自己主義ですので、「いじけ」たり「ひがんだ」りといった感情にはなかなかなりませんが、思い返してみると今のところ一度だけ「いじけた」ことがありました。

それは、早稲田大学人間科学部の助教授から教授に昇格する時でした。通常、助教授（現在は准教授と呼んでいます）から教授には3年から5年で自動的になれるのです。私が人間科学部の専任教員にしていただいた時、教務部長から「人間科学部の教授でどうか」という話をいただきました。

その時、私は非常勤講師でしたから階級特進というわけです。しかし、私の人間科学部の教員への選定はレギュラーなものではなく、「総長枠」で入ることになっていましたので、少し控え目な方がいいと思い、給料は変わらないということを確かめた上で、私が「助教授にしてください」と申し上げたのです。

話を持ってきてくださった教務部長は、後の総長になられる見識のある先生でしたので、昇格人事の時、私が苦労することをうすうす感じておられたから、最初から「教授」へと薦めてくださったのでしょう。しかし、その当時の私にはそれが察知できませんでした。

その結果、それが現実となったんです。私は「昇格願」を4年目に出しました。ところが、人事委員会で私だけ「NO」となったのです。まあ仕方がないかと思い、その年は黙っていました。しかし、翌年も「NO」です。しかも、その年に昇格の条件が変わったのです。

その昇格の条件とは「教育」と「研究」が優秀であること、すなわち「教育面」では授業を週3コマ以上持つこと、「研究面」では論文を年に1本、ですから昇格までに計

3本以上書くことでした。当然私はクリアしていましたが、その年に追加された3番目の条件として「その他の面で教授にふさわしいか」が入り、私はその「その他」で引っかかったと人事委員会から通告されたのです。

その後も5年間、毎年毎年「NO」でした。そこで、私は月刊誌でこの件を告発したのです。この5年間はかなり「いじけ」ました。まず自己嫌悪に陥り、テレビ出演の多さ（週に8本のレギュラーを持っていました）が原因だというので一斉にやめたり、講演会をセーブしたり、インタビューも断ったりして、ようやく10年目に昇格が決まったのです。

この間、月刊誌にも告発文を出したりいろいろと抗議はしましたが、結局、事の真相は分かりません。この間の10年間は、人間科学部の教員の誰も口をきいてくれないといういじめにも遭いました。本当に辛《つら》い10年でした。それが人間科学部から国際教養学部に移籍した真の理由です。ですから人間科学部をやめて国際教養学部に移った時も送別会はしてもらえませんでしたし、その後、誰一人として付き合いはありません。しかし、卒業した学生とは今でも付き合いがあり、連絡を取っています。

第五章

負の人間力

1　負の人間力とは

人間力ってよい人間性を育む力と解釈している人が多いのですが、実は逆の場合もあるんです。いわゆる負の人間力です。すなわちマイナス人間力、悪い人間力。いわゆる人間力、これを正の人間力としますと、実は負の人間力の方が多いのではないでしょうか。「人間はいい人ばかりじゃない」と他人の前ではいい子ぶってるやつがいると嘆く人がいますが、実際には負の人間力の方が多いと思います。考えてみますと、負の人間力が人間の本性なのかもしれません。

本章では人間の本性ともいえる負の人間力について考えてみたいと思います。

私たちは人間を美しいものだとか善きものだと思いたいのですが、その実はどろどろとした欲望の塊が心を独占していて、かろうじてその欲望を直接的に実行しないように、いわゆる良心とかいうオブラートで隠し続けているのだと認識すべきです。

人の生き方に性善説と性悪説があり、論争されることがありますが、私は性悪説をとります。そして人生を過ごしていくうちに性善説の方向に向かっていく人がいるものだと考えています。もちろん、生まれたばかりの赤ん坊は何も考えず、ひたすら育つことしかないわけですから、悪を働こうなんて思わないでしょう。生まれつき悪の心が宿っていて、いろいろと経験を積むうちにその悪の心が増強されるのではないかと思われる人もいますが。

2　負の人間力の重度

そして負の人間力はいくつかのケースに分かれると思います。その重さに比して重度をつけてみました。

それは重度Ⅰ．されたり見たりすると不快であるが、実害がそんなにない、ちょっと嫌な気分になるけれども、時間が経《た》つと忘れる程度のもの。重度Ⅱ．不快でありなおかつ実害が少しあるもの。犯罪ではなく法で罰せられるかどうかの境界にあるが告訴したり警察に言っても留め置かれるもの。重度Ⅲ．犯罪として成り立つもの。出会ってはならないもの。

以上3つのグループに分かれると思うのです。では以下、順番に例を挙げて説明していきましょう。

① 重度Ⅰ.

このカテゴリーに入る人はたくさんいます。というより誰でもが少しは持っている資質です。ですからあまり神経質になって治す必要はないと思いますが、人間として生きていきたければひとつでもこの要素は減らした方がいいと思います。人の中には、あえてこの中のいくつかを自分の特徴として押し出す人がいて、治すのはなかなか難しいんですが、この45の例のうち半分なくすだけで人から好かれるようになることは間違いありません。心の風邪のようなものです。

1 空気の読めないやつ
2 やたらはしゃぐやつ
3 意味もなく威張るやつ
4 正義面をするやつ
5 当たり前のことをえらそうに言うやつ（もっともらしく）
6 ごまをするやつ
7 何回も同じことをくどくどと同じ人間に繰り返し言うやつ
（記憶装置が壊れている）

8 誰彼となく説教をするやつ
9 小さなことでも何でもその場に関係なく話を広げるやつ
10 何の関係もないことを自分の事のように自慢するやつ
11 新しいファッションを作っているかのようにわざと汚い格好をするやつ
12 自己主張の強いやつ
13 負の自慢をするやつ（何でも勝ちたいと思っているやつ）
14 受け売りを自分の考えのように言うやつ
15 ヘラヘラしているやつ
16 何事も大げさに誇張するやつ
17 人前で泣き言をいうやつ
18 見え見えの嘘《うそ》をつくやつ
19 聞きかじりのことを言ってすぐにぼろを出すやつ
20 人を見下すやつ
21 自分がいちばん偉いと思っているやつ
22 何事も自分は間違っていないと思っているやつ

23 「絶対！」という言葉をすぐ使うやつ
24 自分の意見を持っておらず、上には他人の言うことをいかにも自分のことのように言うやつ
25 やたら見栄を張るやつ
26 想像と現実の違いが分かっていないやつ
27 他人を罵倒するやつ
28 何でもひけらかすやつ
29 ヒゲマン（卑下して自慢するやつ）
30 他人と妥協するのが嫌だと意地を張るやつ
31 落としどころを考えないと分からないやつ
32 他人の欠点を人前で突いて相手の立場をなくさせるやつ
33 傷口に塩を塗るようなことをするやつ
34 言っていることとやっていることが違いすぎるやつ
35 公私混同するやつ
36 自分の置かれた立場を分かっていないやつ

37　覚悟のないやつ
38　他人の不幸を喜ぶやつ
39　民主主義がいちばんと思っているやつ
40　金の亡者（金で何でもできると思っているやつ）
41　やたら無駄遣いをしてそれを自慢するやつ
42　他人にやたら迎合するやつ
43　好き嫌いが極端なやつ
44　タメ口を聞くやつ（誰にでも親しげな態度をとるやつ）
45　他人のことを根掘り葉掘り聞くやつ

②　重度Ⅱ.

このカテゴリーの人は心に贅肉《ぜいにく》を持っている人と言っていいでしょう。言い換えると心のメタボとも言えます。この症状の特徴は、自分がやっても他人には分からないだろうと思っているのです。しかし他人は、特に利害に直接関係していない人には見えるのです。

どのような状況でもそういう人は逃げ切れる、言い逃れられると思っているに違いないのです。もしかすると能天気なのかと思うのですが、そうではなく欲に負けているのです。悪いことをするやつには二通りあって、自分が悪いことをしていることを十分自覚して、やむにやまれず悪いことをしている人間と、悪いとは知っていてもこのくらいは許されるだろうと自分に甘い人、そしてプラスするならば、自分のやっていることが悪いことだと思っていないとか、自分は大丈夫だろうとか楽天的な人がいることです。ですからこういう人は心の贅肉がたっぷりあると言っていいのでしょう。それらを具体的な例で述べてみますと以下のようになります。

1 せこさ（お金に、物事の決定に）
2 ずるさ（何事にも）
3 裏切る（恩ある人への裏切りは許されない）
4 うらむ（逆恨み）、つらみ、そねみをもつ
5 悪意丸出し
6 だましを画策する
7 ひっかける（うまい話を持ちかけて）

8　怒る（何でもかんでも自分が気にくわないことに対して）
9　許さない（どんな理由があっても容赦しない）
10　人を悲しい目にあわせる
11　つけいる、つけこむ（他人の弱い所をさぐる）
12　仕返しをする
13　くやしい思いを他人にさせる
14　威張る・居丈高（何が偉いのか分からない）
15　見せつける（自分が他人より優れていることを何か動作で示す）
16　身の程知らず（自分の程度が分からない）
17　そしる（誹謗《ひぼう》）（何だか分からないが他人を誹謗する）
18　シカトする（自分の気にくわない人を無視する）
19　何でもかんでも他人をけなす（人前でその人の欠点を大声で言う）
20　悲しみの中で気分が落ち込む
21　嫉妬《しっと》、やっかみ、自分がどれだけの力があるか分からず他人に嫉妬する
22　緊張、心配、どんな時でも自分に自信がなくおろおろする

23 イライラして他人に当たる
24 不安が心の隙間に入りおどおどする
25 いつでもどこでも恥ずかしく、自分に自信がなく、他人の目を気にしすぎる
26 オーバーな表現をする、そして何事にもオーバーなリアクションをする
27 自己満足に徹する、何でも自分はいいと誤解する
28 自己宣伝のため、他人の前で自分を自慢し、他人より優れていると言う
29 自己中心で何をやるにも自分が第一と思っている
30 身だしなみの悪いやつ（見ていて気持ちが悪くなるほど悪趣味なファッションをしているやつ）

③ 重度Ⅲ．（犯罪性の高いもの）

たとえ負の人間力があると蔑《さげす》んでもあまりにもひどすぎるので成敗したくなる人です。しかし、人間はどうして犯罪に手を染めるのでしょうか。テレビドラマのいわゆるミステリーものとか刑事ものを見ているとなるほど、こうして人は犯罪者となっていくのだなと思うのですが、あまりにスムーズに悪の道へ行き過ぎていて、どうも実生活では起

きそうもないと思ったりします。しかし、現実の日々のニュースを見ていますと、テレビドラマよりもっとひどい、そして短絡した事件が多く発生しています。人間はどこまで堕落したら済むのだろうと悲しく思います。しかしここが、負の人間力でいちばんあってはならないものですし、ここがなくなれば全ての人の人生が明るくなるのではと思えるのです。このカテゴリーの中にも凶悪なものと人の命の関わり方が少ないものとあります。グループ分けしてみます。

グループ１　犯罪としては許せないのですが、皆は軽く見がちなもの。セクハラ、パワハラ、アカハラ、いじめ、シカトなどがこれにあたります。そしてこれは負の人間力ではないですが、他人に迷惑をかけている点で、ここでは細かく書きませんが、ぼけとか認知症なども入るかもしれません。

グループ２　犯罪ではありますが人の命は関わっていないもの。泥棒、置引き、こそ泥、下着泥棒、スリなどです。

グループ3　撲滅すべき犯罪です。殺人、復讐《ふくしゅう》、窃盗、詐欺などです。

こうした犯罪には起こる原因がひとつひとつ別にあるのでしょうが、どんな理由にしろやってはならないことです。言ってみればこれらは欲が強すぎる自己中心からきた心のがんと言ってもいいと思います。もちろん同じ死でもキリスト教やイスラム教では自殺は許されません。それは人の命は神様がくださったもので、自分のものであって自分のものではないからです。そしてそのペナルティーとして死んだ後にあの世での再生復活はできないというものがあるのです。しかし日本人でこのことを理解できる人は少ないのです。

3　消極的な負の人間力

さて、負の人間力にはもうひとつ、見て見ぬふりをするという消極的な負の人間力があります。例えば、クラスでいじめっ子が弱い子をいじめている時、周りの子供たちは見て見ぬふりをしているというわけです。それが自殺などの事件となってはじめて自分のやっていることがよくないことだと分かるのですが、いじめの現場にいる時は自分もああされるのが嫌だという気持ちで見て見ぬふりをするわけです。

また、いじめっ子は物陰でいじめるのではなく自分の強さを皆のいるところで示すことで自分の存在性をアピールするわけですから、人前でします。当然暴力をふるういじめっ子は負の人間力を発揮しているわけですが、実は見て見ぬふりも負の人間力といえるのです。また、電車の中でも街角でも、暴力を振るう人間に立ち向かう人はほとんどいません。最近はそれでも勇気を持ってそういう人に立ち向かう正の人間力を持った人も少しはいるようですが、逆にそういう人がかえって殺されてしまうようなケースも少なくないのです。

とは言うものの、そういう場面に居合わせた時どうすればいいかは何とも言えないのですが、少なくとも周りの人が一斉に暴力を振るう男を声高に非難したり消火剤をかけたり何か手立てがあるのではないかと思うのです。私は幸か不幸か、そういう現場に居合わせたことがありません。ともかく消極的負の人間力は、見た目は分からない場合が多いですし、理由や言い逃れはできますが、負の人間力のカテゴリーに入ることは間違いないのです。今日的には痴漢の例があります。これは親告罪ですから、痴漢された人間が容疑者を人前で告発する例がほとんどです。現行犯なら警察官以外でも、捕まえられますので件数的には減っているようです。ともかく消極的負の人間力もやめるべきなんです。

4 集団としての負の人間力

今まで個人の負の人間力について書いてきましたが、人間って個人のときと集団（グループ）の時の行動が大きく変わることを考えなければなりません。集団にいると、その長および長の側近が決めたことに異論を唱えたり違う行動をしたりしづらいのです。もしそうするとその集団から追放されるか、悪くするとリンチなどを受ける場合があります。暴力団においては日常茶飯事です。集団というのは理不尽なものですから仕方ないとして、右も左も中間もすべて集団の行動は少しおかしい要素（負の人間力）が働いています。デモなんていうのもおかしなもので、シュプレヒコールなんていうのは、はたから見ているとヒステリー状態のようなものです。ですから、あえて申しますと、集団の考え方や行動はベースに負の人間力が働いていると思うのです。もっと突き詰めると、太平洋戦争も一部の陸軍の軍人が日本の存続のためと言いつつ、間違った方向、すなわち国家的負の人間力で起こしたと言っても過言ではないでしょう。最近のことで言うなら成人式の若者の行動、暴走族など例を挙げるときりがありません。そうです、70年代の学生運動、連合赤軍のリンチ事件、本当におぞましいことです。しかし、これらは一時的な病気と断ずるには犠牲者が多く、被害が命に及ぶといったものですから、どうにかやめる方法を考えないといけません。現実には、今は警察に頼るしかありませんが、何かいい方法を見つけないといけないと思います。

5　人間力の欠如

今、日本では信じ難い事件が多発しています。親が子を殺したり、子が親を殺したり、見ず知らずの人が普通の人を殺したり、幼児を誘拐した上で殺したり、しかもそれが身代金目当てでないと言うのですから驚きです。また、妻が保険金目当てで夫を殺したり、嫌になったからと言って夫が妻を殺したり、三角関係のもつれから殺人を犯したり、としても人として許せない殺人行為です。もちろん、人類史上こういうことは多々あったでしょうが、それぞれやむにやまれぬ事情があったと思われます。殺人の典型は恨みや復讐と決まっていたのですが、今や殺人そのものが目的となってしまっています。もちろん復讐といえども人を殺していいとは言えませんし、昨今のテレビの刑事ドラマでは繰り返し、「動機はどうあれ、人を殺してはいけない」と刑事が叫んでいますが虚しく聞こえます。それは正当論ですが昨今の殺人事件は様相が違ってきています。

こうした傾向は日本だけでなく、中東を発祥地とした宗教組織ＩＳ（「イスラム国」）るものが国家を騙《かた》って人々を殺しています。テロです。その影響がヨーロッパにも広がり、一見すると宗教戦争のように見えますが、その実は権力闘争に過ぎないのです。一方で、シリアでは、政府軍による空爆によって一般市民が何百万人もが避難民となって国外に逃れるなどの犠牲となっています。これも負の人間力です。人は生まれた時から自然に死ぬ以外、生きる権利があり、そのことは何人も侵してはならないのです。人間の生命に限らず生きているものは、たとえ植物であろうと殺してはならないのです。もちろん生きていくために動物を殺したり、植物を採ったりするのは人間の生命権を守るためはどうしても不可欠であるという観点から許されています。といいますのは、人間をはじめ動物は他の生命をもらわない限り自ら生きていけないからです。

しかし、殺人以外にも人の社会で生きていく上での罪はたくさんあります。ちょっとしたことで殴る蹴るの暴力とか子供たちの間にあるいじめです。暴力だけでなく口汚い言葉、人を傷つける表現（ヘイトスピーチも含む）、「シカト」と称する人権を無視する行為など、人を傷つけ痛めつけることは、生きているとたくさん経験します。

これらは全て人間性（人間力）の欠如が原因です。そうしたことは日々の中で日常茶飯事として起きていることですが、一向に止まることはありません。そこで人類の英知としてモラルとか倫理観を普及させ、社会を浄化しようとしてきましたが、うまくいっていません。木来、宗教がその役割を持っているはずですが、宗教は今や人の心を変える役割を担っていません。と言いますのは多くの宗教団体は金儲けに腐心しているからです。これも負の人間力です。すなわち一種の利得、いや利権となってしまっています。

もちろん、宗教の中にも人類のためになることをしているものもたくさんありますが、人の善意を逆手に悪行を働いているものもたくさんあります。こうした現象は人々が人間力を失ってしまったことからきたのです。こうした絶望的な社会でも人間が生きていかなければならないのはとても辛《つら》いことですが、やはり皆が自覚を持って、少しでも社会を浄化していかなければならないのです。

6 儒学と人間力

それが道徳教育、倫理教育の復活を望む本当の狙いではないかと思うのですが、どうもこの世の中はひねくれ者が多く、「これは戦前の教育の復活で、戦争を起こすものだ」と悪宣伝をして、良い方向にしようとする人々を狙い撃ちしています。私が奉職している学校法人昌平黌は、儒学を建学の精神とし教育の基本を儒学に求めています。ですから、学生たちの心は真っすぐで礼儀正しく明るいのです。こうした若者が増えることが、日本を正しい方向に導くのだと信じます。

一方、この問題を論ずるには太平洋戦争を論じなければならず、それを語るには明治維新を論じなければならないのです。すなわち、日本の近代化が日本人を変えてしまったのだと言うことです。もちろん私は江戸時代が何でも良かったというつもりはありませんが、中世から近代の過程を長い間をかけてきた江戸時代を評価している者の一人です。これは一般論ですからここの問題全てにこれが当てはまるとは申しておりませんが。

7　日本人の人間力

しかし、約300年もの長きにわたって、東洋の一弱小国が鎖国を行ってきたのは奇跡としかいえません。江戸時代の再評価は書を改めて申し上げるとして、なぜ、今日の日本で、というより、日本人の人間力が低下し、負の人間力がはびこってしまったかについて考えます。それは一言で申し上げて、「戦後の似非《えせ》民主主義の結果」だと思います。すなわち太平洋戦争で東洋の一弱小国・日本は米国の一喝で腰砕けになると思っていたのか、予想外の抵抗で大国・米国と戦ったこと、しかも緒戦においては、日本があわや米国をやっつけてしまうのではないかと思うくらい強かったことです。

米国は日本の強さを分析し、その結果、その強さは日本人の人間力の強さにあると結論づけ、戦後再び日本人が米国には歯向かわないように、すなわちリベンジしてこないように日本人を腑抜けにすることだと結論づけたのです。あらゆる手段をもって日本人のスポイル化作戦を行ったのです。そして太平洋戦争敗戦の深い悲しみに途方に暮れていた日本人の心の中に入り込み、日本人を腑抜けにしたのです。私は現在の日本は完全平和ぼけ、腑抜け状態に陥ってしまい立ち直れない状態だと思います。

私は戦前が全て良いと思っているわけではありません。私は戦時中（1943年）に生まれましたが、ほどなく終戦を迎えましたので、戦前の軍隊の恐ろしさやそれに支配された日本人のみじめさを体験していません。ですから、どうのこうの言える立場にないのですが、儒学の背景が無くなってしまった日本人（私を含めて）に悔しさを感じます。もともとの日本人魂はどこへ行ってしまったんだろう。もしかして、広島と長崎に落とされた原爆でぶっ飛んでしまったのではないかとさえ思うのです。

私はこの現象を、「ピカドン症候群」と名付けていますが、日本人は本当に変わってしまったのです。それでも戦前派とか戦中派の人たちが、社会でイニシアチブを持っていた時代は「意地」だとか「志《こころざし》」が社会の片隅に残っていて目を光らせていましたが、私のようにその影響を少し受けていた者さえも社会から排除されてしまいますと、米国によって作られた似非《えせ》日本人ばかりになってしまったのです。

そして、「大和魂」と呼ばれている日本人の人間力は、スポーツの中に少しだけ残るという寂しさを残すのみとなりました。それを嘆くと、やれ封建的だとか前近代的とか権威主義者だとレッテルを貼られて抹殺されてしまいます。言葉の勢いってすごいもので、封建的と言われると悪いイメージを付けられますし、前近代的と言われたり権威主義的とか言われると、さらにイメージを悪くするので口を閉ざしてしまいます。

よく言葉を吟味すると、封建的というのは、民主の一歩手前の社会制度で、もしかすると大衆迎合をベースにしている似非民主主義より、ましかもしれませんし、前近代的という言葉の裏には近代が最も良いという大前提があります。むしろ、権威主義というのは悪くなく、世の中にはその道一筋にやってきた人を権威と呼びますから、もともとは良いことでして、今の似非民主主義者はそれらを全て悪いイメージとして作り、その上で社会的に葬り去っています。それでも政治家は臆面もなく「社会を良くする」の一点張りです。私は一人や二人の政治家が頑張っても今の日本は良くならないと思います。経済や政治は、少しは良くなるかもしれませんが、人の心、人間力を向上させることは到底できないと思います。唯一、可能性があるのは教育力だけです。

7 似非民主主義がもたらしたもの

しかし、今の小・中学校の先生方には無理ではないかと思います。ましてや偏差値だけで生徒の善し悪しを決め進路指導している高校ではだめでしょう。また、何を研究しているのか、いや研究すらしていない大学の教授等に社会や子供たちを正す教育ができるとは思いません。学力向上と就職先だけを指導しているだけのお役所のお偉いさんにも期待はできません。こうした社会の構造を見ていると、とても人間力を養うことはできない絶望的な状況です。『論語』の中の人間として必要な哲学、「仁」「義」「礼」「信」「智」の5つの要素をまともに教えているところはほとんどありません。それどころか、これらの人間として不可欠な、この5つの考え方と反対なことを教えているのです。「仁」ではなく、人を人と思わず人を出し抜くのが現代の英雄だということ、そのため若者は、「金」「有名」「利得」を三種の神器として人生をひた走ります。そのため、目上に対する礼、親に対する礼、友人に対する礼がなく、ただひたすら自分の欲望に沿って生き続けているわけです。

よって「信」は失われるのみ、しかも他人に対する「信」だけでなく自分に対しての「信」、すなわち自信すら失ってしまったのです。「義」につきましては、自己の欲望をかなえることのみが正義と思って、社会正義なんてことは全く考えていません。そして「智」につきましては「智」の理想、知恵を求めるのではなく、自分の欲望を達成するための知識のみの追求に血道をあげています。

どうしてこんなになってしまったのでしょうか。その理由は米国の日本人骨抜き作戦の成果もありますが、人間の心の隅にしまっておかなければならない「欲」、心の贅肉《ぜいにく》というか、心のがんが増殖したからです。アメリカ流似非民主主義の根本は個人主義の尊重です。何事においても他人の干渉を認めません。いわゆるプライバシーの厳守です。それはそれで大切な考え方ですが、その前提に集団の幸福、最大公約数の幸せを守るということがあるのです。イスラム教のウンマの思想に当たります。もちろんすべてのイスラム教徒がそうでないことは、ＩＳ（「イスラム国」）のテロ活動を見ても分かりますが、それは全イスラム教徒15億人の中のほんの一粒の跳ね返りで、全ての人から否定される、言ってみればイスラム世界の反面教師なのです。しかし、似非民主主義はそれにつかっているほとんどの人に心地よさ、いや心地よいと思わせる幻想をもたらしてくれればいいと思っているのです。これをアメリカン・ドリームと言います。人を蹴落とし、踏みつけにして自分だけが富を得るという負の人間力を心の中で熟成させるものです。大変残念なことです。どうすれば、そのゆがみを直せるのか、今のところ私には答えは見つかりません。

第六章

人間力回復宣言

1　人間力を持つ条件

ここで、私は勝手に人間力回復宣言をしたいと思います。と言いますのも、このままでいくと日本も米国も欧州もロシアもアラブもアフリカもラテンアメリカも負の人間力を持った人で溢《あふ》れ、人類の滅亡に至るのではないかと思うからです。よく人は人類の破滅は核戦争によるとか細菌によるとかロボットによるとか、果てはUFOにやられるとか言っていますが、私は人間の心そのものが原因になるような気がしてならないのです。

人間は弱いもので自分の欲が自分勝手な正義（社会のではなく個人の）のために動きます。そしてそれが自分にとっては正当だと思うのです。そういう姿勢を全部が全部否定はしませんが、それらのほとんどが独りよがりでしょう。もっと外に目を開き、自らを律しないと悪いことをしても自ら気がつくことはありません。

私の父・三郎は滅多に言葉を発したり、特に言いたいことを口に出すことはなかったのですが、ある日テレビで故・田中角栄氏が捕まったニュースを見て「人間って目の前を見ていると曲がった道も真っすぐに見えるんだなあ。田中さんはきっと間違ったことをしたと思っていないんだろうな」とつぶやきました。きっと父・三郎の言ったことは当たっていたのだと思います。しかし、私は自分で自分が分かるような人間になりたいと思い、「正の人間力回復」を日本人に求めます。

人間力は人間の力全般を見ることで、私は負の人間力（逆人間力）を持った人と、そして普通の人間力を持った人、すなわち並みの人間力を持つ人、正しい人間力を持つ人を正の人間力を持つ人と分けています。しかし、世の中、人間力というと良いことばかりに目が行ってしまう傾向があるのに少し水を差すべきで負の人間力を強調しています。それは今の世の中に警告を出したいからなのです。

善い人間力（正の人間力）とは、人間が人間として本来持つべき資質を支える自己内部に蓄積された力《エネルギー》を言うのです。人間性とか人間的とか人間味、といった表現で表されるものです。聞いているだけでほのぼのとして心地のよい言葉ですが、中身が明確でない点が難点です。あえて言うならば「徳」というのが当るかもしれません。しかし、この「徳」という言葉も曖昧でつかみどころがありません。具体的に考えてみますと、

（1）他人を認めて、受け入れる力

（2）他人を見極めて判別する力

（3）他人に気を使い、気を悪くさせない力
（4）他人に自分を遠回しにでも分かってもらえるように説明する力
（5）その上で自分に共感を持ってもらうよう努力する力

儒学で言う「仁」です。「徳」を行うためにはもともとの資質が高く、自分をよく知り、他人をよく知ろうと努力し、時間とエネルギーを使うということで、普通の人にはかなりしんどいことです。すなわち「徳」を行うには、かなりの能力と努力が必要となります。そのためには自己を磨かないとだめです。

ですから、「徳」を積むためには、自分の持って生まれた能力にプラス向上心や好奇心、社会的適応力が不可欠となり、普通の人では無理という結論に達してしまいます。そこまでいかなくても、少しでも努力することによって「徳」を修めて、他人に何かをして差し上げ、喜んでもらえることができれば、上出来なのです。何はともあれ他人に人間性豊かな、人間力のある人間だと思ってもらうためには、自覚が大切なのです。そしてその覚悟が必要なのです。

2 人間力を科学する

ここで、人間力を科学的に分析してみようと思います。人間力は肉体的なものと心理的・精神的なものの2つに分けられると思うのです。というわけで人間力の中の力を分析すると、力とは身体の中に蓄積されているエネルギーを使って何かを動かす基です。どんなことでもこのエネルギーがないと何事もできません。それを肉体的な力としました。次に肉体とは別に自分という意識を持つ心理的な作用、例えば志《こころざし》とか熱き心とか他人を助けようと考えるとか、何かをやるのに努力してみようというもので、一般的に気力といわれているものです。

古代エジプトでは人が生きているということは肉体と精神が一緒になって人生と生活を続けるということと定義づけています。よって死とはこの2つが離れ離れになるということなのです。ですから、うつろな目をして生きている人を「生ける屍《しかばね》」というのです。ということは身体が健康でなくてはいけないということになります。健全な精神だと健康な身体ができるのか、健康な身体があると健全な精神が宿るのか、よく分からないところですが、この2つ、健全な精神と健康な身体は人間力を高めるための必要絶対条件であることには間違いないと思います。片方だけでは人間力の高い人とは言えないというわけです。

3　人間力の分類法

人間力の分類のひとつは「個人的に生きる」「社会的に生きる」、というものです。個人的に生きると、つい好き嫌いが先に立ってしまいます。人間には好みがあることは誰もが感じることですが、食べ物、ファッション、言い方、表情、行動、どれをとっても百人百様です。それぞれが個性的なのです。

しかしその中で、最大公約数的な行為があることに気付いている人が今、少なくなっています。特に集団でいるとそれが良く分ります。他人と同じでは嫌だということは分るのですが、局面が変わるたびに個性を主張する人は孤立してしまいます。自分は他人に迎合しないんだと主張する人がいますが、大局的に見るならば、「では好きにしてください」と突き放されてしまいます。他人とは違う味をどこで出すかを知ることが人間性なのかもしれません。昔の人はそれを常識と言ったのかもしれません。今の人は「そりゃ常識でしょう！」と決めつけてしまいますが、知識の問題ではなく見識の問題なのです。知っているかどうかではなく、万人が納得できる判断かどうかが、常識であるか否かであるということなのです。そして人々に共感してもらうこともとても重要です。自分がいくらいいと思っていても、周りの人や社会で生きている人が共感しないと正義とならないのです。

4 人は人

人という文字は一人では立てない、何らかの支えがないと立っていられないという字です。その支えはやはり〝人〟なんです。人を「じん」と呼ぶのは、もともとは「しん」で、「しん」とは「申」という字が元字です。すなわち一人が申し、一人が聞くということで、人は一人では生きていけないのだということです。ですから、どんな個人的な事でも相手があるということですから、身勝手、独りよがりは許されません。人間力の基本は人の集団あってのことなのです。すなわち人間力を発揮するということは、社会的な意味を持たせないといけないということなんです。

こうして人間力を分析してみますと、人間力は肉体と精神のバランスが取れていること、個人的に生きることではなく社会的に生きることであることが分かります。

5 人間力発揮の仕組み

さて、負の人間力、すでに前章で人間としてしてはならないことの原理はお分りいただけたと思いますが、正の人間力、すべきこと、こうあるべきことについて、ここからは書いていこうと思います。

その前にぜひ、皆さんにお考えいただきたい人間力の例があります。それはピラミッド建設のことです。ご存じのようにピラミッドは謎だらけです。「ピラミッド99の謎」とか、「ピラミッド9つのミステリー」など巷《ちまた》ではことさらピラミッドを謎で埋め尽くしています。しかし煎《せん》じ詰めますと、ピラミッドの謎は3つに絞られます。1つは建造法です。2つ目は建造年代です。そして3つ目は建造目的です。

2つ目の建造年代はクフ王の大ピラミッド重量軽減の間の最上層の部屋にある書きつけ、「クフ王の良き仲間たち」で、それからこのピラミッドがクフ王の治世に造られたことが分ります。そして、このクフ王の大ピラミッドの南側で私たち日本隊が発見した第2の太陽の船のピット《船坑》の蓋《ふた》石に残っていた書きつけの中にクフ王の名が多数書かれていることからも、この大ピラミッドがクフ王のものと分ります。後は文献でカフラー王、メンカウラー王と分っていくわけです。

次に建造目的ですが、これはとても難しく、今でも確かな答えは出ていません。王墓でないことは確かですが、なぜか何の根拠もないこの王墓説が日本の高校の世界史の教科書には書かれています。この方が謎です。歴史上、誰もピラミッド王墓説を言っている人がいないにもかかわらず、です。ここで王墓説を覆すのは紙面が足りませんし、テーマと離れてしまいますので省きます。また違う機会に別の媒体で論を展開することにしますが、ひとつだけ申し上げておきましょう。この王墓でない説を展開するのも重要ですが、もし他のところで王墓を発見したとすれば何の論も展開せずに王墓説は消滅します。

そこで私は、学校法人昌平黌・東日本国際大学エジプト考古学研究所が主体となって、2016年より「クフ王墓探査プロジェクト」を開始しました。おそらく10年以内にクフ王墓が発見されると思います。そうすれば高校の教科書から「ピラミッド王墓説」が消えてなくなるわけです。

さて、1つ目の建造法です。建造法には3つの説がありますが、石を切り、石を運び、石を積むというピラミッド造りの基本的なやり方では同じです。切った石を大型のソリに乗せ人力で運ぶという方法を使っているのです。途中、石切り場の近くから船にソリを乗せ、対岸（西岸）の波止場まで川を利用して運び、後は傾斜角度10％弱のランプ《傾斜路》を、引っぱり上げるというわけです。

これが当時のやり方であることはレリーフや絵画、そしてソリやテコの現物が博物館に残っていることから実証されているにもかかわらず、これだけの大きなものを造るのにそんなやり方ではできないと考える愚か者もいます。いわゆる超人的な人々がいたとするわけです。そして、この超人的な人々が超古代的な機器を使って造らないと造れないと主張するのです。しかし現在でもカイロ博物館には、石を切ったノミや木のハンマー、石を転がしたテコやコロ、そして石を運んだソリ、そして水平を測った水準器など測量道具なども残っています。

6　ピラミッド建設の人間力発揮

しかしピラミッドは人間などが、ましてや古代エジプト人が造れるはずがないと思い込む輩《やから》もいるのです。これはまさしく人間力を否定している考えで、最も幼稚な発想です。ましてや人は人でも奴隷が造ったとさえ思っている人がいます。反論する気にもなれません。と言いますのは、ピラミッド時代、いまから5000年ほど前、エジプトには奴隷制度はありません。一人たりとも奴隷はいないのです。もし仮に奴隷がいたとしましても、奴隷にはピラミッドは造れません。ピラミッド建設はとても過重な労働で、いやいややっていたのでは石一つ動かすことすらできないからです。奴隷は苦しい過重な労働を強いますと自殺してしまうのです。

では、どうして古代エジプト人はピラミッドを造れたのかという疑問が出ます。答えは簡単です。「人間力」なのです。人間が人間力を引き出すにはお膳立てが必要です。今日でいうシステムです。まず、ピラミッド造りには国民の99％を占める農民が当たりました。古代エジプトでは農民は農地に付いていましたので、農地の量に対して、農民の数が多かったこともあり、余剰人口を抱えていました。当時の役人はそれを見越して、農民を利用してこのプロジェクトを考え出したのです。すなわち納入した税金を戻す形で給料（現物支給ですが）として農民に渡したのです。もともと、自分たちの稼いだものでも税金として出したものが自分のところへ戻ってくるのはありがたいと思った農民は多いと思います。

しかも戻すに当たってピラミッド建設に従事する本人だけにではなく、住んでいる村や町、それが存在するノモス（州とか県）にすら分け与えたのです。一つの村から一人のピラミッド建設労働者が出れば、その出身の村だけでなく、町やノモスまで潤ったのですから、全ての国民に支持されるプロジェクトとなっていったのです。

しかもピラミッド建設には石工、大工を始め、たくさんの技術者が必要でした。その技術を身に付けることができ、従事している期間を終えて故郷に帰ると、農業以外の仕事を始められるという起業家の育成も出来たのです。

さらに、少し頭脳が良いとか気が利くとかであれば役人に抜擢され中央政府の役人にすらなれたのです。ここまでシステムが整っていた上に、精神的にピラミッド建設に関わった者は、王と共にあの世に行けるというコンセプトを作ったのです。当時は、あの世へ行ける人は王とその側近だけでしたが、ピラミッド建設に携わった人はあの世に行けて、永遠の生命がもらえるというのです。これで物心とも人々がピラミッド造りに精力を注げる状況が整ったわけです。後は、未来に向かって力強く石を引かざるを得ないわけです。すなわち、ここでの人間力発揮は個人の問題でなく、社会全体の仕組みの問題となっていたのです。ですから人間力の発揮が個人個人のことでしたら、そんなに大きなことはできないことが証明されているわけです。

このことを考えますと、現代社会がバラバラになっていくことを防ぐために、ピラミッド建設に匹敵するプロジェクトを国は考えるべきなんです。例えば２０００年に行った「インパク（インターネット万博）」のような現代的なものです。

7 人間力回復宣言

人間力の消滅化の危機にある現代日本で、どうやってその回復を行うかは、文部科学省に限らず多くの小学校、中学校、高等学校、大学における急務です。まず物理的にやるべきことは、スマホを教室に持ち込ませないことです。小・中では学校に持って来てはだめと言うくらいにしないとだめです。スマホを電話に使うのは親との連絡に不可欠だという言い分がありますが、それなら、いわゆるガラケーは〝良し〟としましょう。

しかし、スマホはすでに電話の領域を超えています。それが証拠にスマホの人気アプリ『ポケモンGO』では事故や逮捕者が出ています。なんと私の授業でもスマホをやっている学生に近付いても本人は気付かず、そこでさっとスマホを取り上げ、「だめでしょ、授業中は」と言いますと、素直に「はい、すみません」と言いますが、スマホを返すと、またやります。「授業料を払っているのだから、（講義を）聴く、聴かないは自由だ」とか、「損するのは自分だ」、「今に損したことが分かるよ」といった評論家もどきの教員もいますが、私は違うと思っています。絶対にスマホを教室に持ち込ませないために、教室の入り口にスマホを管理しておく箱を置くべきです。授業が終わったら返せばいいのです。

学生は修業の身です。修業中の学生に自由はないのは当然なのですが、それにも増して、我が身を削って学生に自分の得た知識や経験、そしてそこから得た見識を伝授しようとしている師に対する「仁」や「義」「信」「礼」への誠がないことが問題なのです。

8　私の人間力回復の秘策

ここからは、私の考える人間力の回復の秘策を書くことにします。これまでに、私自身が考えた人間力を得るための秘策は１００を超えました。今回は紙面の関係もありますので、その中のベスト7について書き、解説をいたします。

第一条　健康第一。人間、誰しも身体が健康でないと気力も出ないし、何事にも投げやりになってしまいます。健康なる身体に健全なる精神が宿るといわれています。古代エジプトでは平均寿命が40歳（成人男子）と一見短命のように見えますが、医療制度が確立していて、死ぬまで健康だったのです。平均寿命50歳の一般人より長生きのファラオたちはうまいものばかり食べていたため、虫歯や太り過ぎで苦しんでいたのです。

第二条　情熱を持って何事も成せ。その情熱には高い志が裏になければなりません。人の中には悪いことに情熱を持つ輩がいるので気を付けないといけません。また、高い志というか理想を持たずに情熱だけですと空回りばかりしていて、周りの人に迷惑をかけますので、情熱を持ってやるなら高い志を同時に持つべきです。

第三条　自分の言葉に責任を持つこと。今の世の中、政治家に限らず無責任発言をする人が多いのです。言ってもできないことはあると思うし、それを責めているのではなく、思い付きとかでたらめを言う人が多いということです。それが高じると詐欺となるわけです。悪意はなくても、つい知ったかぶりをして言ってしまうこともあるでしょう。

しかし、いったん、口から出た言葉は責任が生じます。口を慎まないとだめであると同時に、言ったことはやれば良いという考え方もあるわけです。逆に、何か大きなことをする場合、もちろん綿密な計画を立てるとしても、やってみないと分らないということもありますから、そういう時は清水の舞台から飛び降りる覚悟で言う、というのも一つの手です。要するに、人生は覚悟が大事だということです。

第四条　想像力を背景に創造力を発揮すること。人と対することや、いちいちディテールまで、相手のことを聞くわけにはいきません。もちろん人によっては聞きもしないのにペラペラ自慢話をする人がいますが、そういう輩は遠ざけるとして、その人に何か頼もうという時、まず大切なのは想像力です。想像力を持つためには、絶えず物事を想像する訓練をすることです。想像の仕方は、現状からシーンを脳の中に作って、そこに人物を入れて動かして見るのです。もちろん、想像する時は目をつぶり、あれこれ考えるのですが、これは時々、妄想とか幻想となる場合がありますので気を付けないとだめです。ただ、他人に迷惑を掛けない限り、どうなっても良いのですが、そして想像ができると、そこから思いもかけない創造が生まれるのです。ですから思い付きも時と所によりますが、創造を生む可能性があります。そして、良い思い付きから生まれた創造的所産はすぐ心の許せる友に言うと良いです。否定されようと肯定されようと、まず第一難関を突破できるからです。

第五条　決断と実行。ともかく、〃ウダウダ〃している人、いわゆる優柔不断な人はだめです。もちろん、思いついてすぐ実行というのは失敗の可能性が高いですが、「下手の考え、休むに似たり」という諺《ことわざ》がある通り、大した頭脳を持っているわけじゃないのに考え込むタイプの人は何もできない人です。決断は「イエス」でも「ノー」でもなるべく速くして、次に即、実行すべきなのです。実行するということは、成功するか失敗するかすぐ結論が出ます。失敗なら即、やめて進路を変更すればいいのです。勇気ある撤退なんてことを思う必要はないのです。失敗は失敗と認め、何が理由かを考えれば良いのです。大成功は小失敗の積み重ねからできるのです。

第六条　努力と忍耐。人生で成功するには努力と忍耐だという人がいますが、私は縁と運だと思うのです。どんなに努力してもだめなものはだめです。ちなみに、私の「成功する」というのは金持ちになるとか偉くなるというのではなく、自分のやりたいことをやるということです。私はエジプト考古学をやりたいと10歳の時に思いました。

そのため東京大学を目指しましたが、3年浪人しても入れませんでした。その時点で私の人生は失敗ですが、めげずにとりあえず合格した早稲田大学でついにエジプトに行ったのです。その時点でエジプトへ行くという点では成功しましたが、発掘権を持っていませんでした。それもクリアし、数々の発見をしました。そこそこ、成功の人生です。が、そこには数々の運が付いています。

しかし、運はどうやってつかむか誰にも分りません。そのため、日々の努力と忍耐が必要です。もちろん、努力をし、忍耐をしても運が回ってこない人もいますが、めげずに来るまで頑張るのです。こうした苦しみの中で人はいろいろな経験を積み重ね、人格が出来上がっていくのです。一朝一夕には人間力は作れないのです。

第七条　優しくすること。私も若い頃、鬼軍曹といわれるほど、尖《とが》っていました。エジプトという未知の土地、エジプト人という風俗・習慣の違う人々、考古省という伏魔殿、「周りは皆、敵だ」くらいに思って、一つ一つをこなしていきました。ですから、突っ走るしかなかったのです。

しかし、10年、20年と続けているうちに、いわゆる丸くなっていったのです。正確に言いますと、全てに慣れて余裕が持てるようになったのです。余裕ができ、周りが見えるようになると優しくなるのです。人格が良くなったと言った方が正しいかもしれません。もちろん年を取り、若者をビシビシ鍛える体力がなくなってきたとも言えますが、そうではなく心の余裕でしょう。そうしますと何があっても許せるのです。おそらく、儒学の「仁」の心境に近くなったと言えます。そして優しさは謙虚という副産物も生みます。自然と「一人でやっているのではない」と思えてくるのです。他人の失敗をカバーできるようになるのです。古代エジプト人が年寄りを大切にした意味が分かってきました。

別の人間力回復の秘策もあります。それは人間力回復のための「あ、い、う、え、お」です。

(1)「あ」は「愛」です。この場合の愛はキリスト教でいう「エロス」の愛ではなく、「アガペー」の愛です。精神的なもので家族愛とか愛郷心とか愛国心のことです。日本人の多くは太平洋戦争の時は「愛国心」が原因で始まったと思い、愛国心＝軍国主義、戦争と短絡的に結びつけ、一部の左翼的な人々に利用されていますが、私に言わせれば生まれた国を愛せないなら国籍を返上せよと言いたいです。どこの国でも愛国心は国民として不可欠な思想です。

（2）「い」は「意思」または「意志」です。何事をするにも意思と意志がなければ人間としてだめです。もっと言いますと、「志」です。志の低い人は人間として弱く、負の人間力を発揮する人となってしまいます。すなわち悪の道へとのめり込むのです。悪の道に入る人の大半は意思が弱く、志もなく、時の流れに身を任せてしまう「臆病者」です。一度決めたことは何が何でもやり抜かないとだめです。もちろんそれが自分に合わないとなれば変更すればいいのです。しかし変更すると自分に言い聞かせ、なぜ変更せざるを得なかったかを見破れないとだめです。ともかく一心不乱にやりたいこと、正しいと信じた道を進むことです。

（3）「う」これは「運」です。ともかく「運」というものは目に見えないものでどうやって獲得できるか分りませんが、ここで母・米子の言った「運」の捉え方を申し述べておきましょう。母・米子は「幸運は女神よ。そして前髪の長い女神よ。しかも頭の後ろはツルツルなの。だから『幸運の女神』が通ったと分った時に手を出してもその髪はつかめないの。ですから『運』は逃げてしまうわけ。だから『幸運の女神』が横を通りそうな時はまず手を伸ばし、その髪をつかんでしまわないとだめなの。その時、初めて幸運か不運か分かるのでしょうが、『不運』と思ったらすぐ手を離せばいいのよ」と言っていました。ですから私はじっと左右を見ていてこれはという時、手を伸ばしてつかめるようにしていています。確かに不見転《みずてん》(見ないで捕まえる)ですから、失敗する時もありますが、おおむねいい結果です。私の今日があるのは「幸運の女神」のおかげなんです。

(4)「え」は「縁」です。この縁は縁結びの縁ではなく、人と人との出会いを大切にしようということです。「幸運の女神」と違って人によっては毎日数人から数十人の新しい人との出会いがあります。その全部の人と縁を作っていては身が持ちません。ですから、直感でいいですから会った人を分けなければいけません。①通りすがり、会っただけ、二度と会わない、会いたくない人②会っていい感じの人でだけど今回限りかもう2~3度会えばいい人③とてもいい人だけれども、趣味も価値観も違う人、そして④波長が合い、これからぜひ付き合っていこうと思う人——という具合です。よって、④の人を大切にし、努力して付き合っていくことが重要なのです。そういう意味で神社にお参りする時に、私はさいせん箱に5円を入れます。5円でご縁をくださいということです。人を値踏みするみたいであまり感心しないと思う方がいるかもしれませんが、1年間に2000人以上の方と初めてお会いする生活をしていますと、全ての方と付き合うのは至難の業なのです。単純に計算しても10年で1ヵ月に50人以上と年1回会うわけです。とてもできません。また、気が合う方は相手もそうですし、気の合わない方は相手もそう感じているのです。それでも1年に20人から50人くらいは、④のカテゴリーの方が増えています。お付き合いはとても大変です。

(5)「お」は人間力でいちばん大切な「恩」です。私たち研究者にとって師匠は親にも勝る重要な人です。が、私は師である川村喜一先生と早く死別してしまいました。そのため「みなしごハッチ」状態で早稲田大学にいました。親方のいない者は「はぐれ者」です。そのためかなりいじめられました。しかし、子供の頃からいじめられていましたので我慢できましたが、とても辛《つら》かったです。でも、川村先生に対する「学恩」は忘れず、捨てずに心の中にしまっています。その後、いろいろな学識、見識のある方にお会いし、いろいろと学ばせていただきましたが、「学恩」は川村先生です。私が日本のエジプト考古学の伝道師でいられるのも川村先生との二人三脚があったからです。ここまできましたので、現役のエジプト考古学者世界一になって、天国にいらっしゃる川村先生と再会し、「よかったね」と褒めていただけるよう精進しようと思っています。

というわけで「人間力」を日本人に回復してもらおうと考える私なりのプリンシパルというかポリシーは以上の通りです。このことが少しでも世の中に伝わればいいと思っています。

むすび

横断歩道を老人が杖《つえ》をつきながら歩いているのを見て、立ち止まり、急いでその老人に駆け寄り手を引き、無事に渡らせてあげる若者。横断歩道と普通の歩道の段差に止まってしまった車いすを押している人を手伝ってあげる青年、地下鉄の駅で目の不自由な人の手を引いてあげている少女、学校で先生や保護者に大きな声で挨拶をしている生徒、もっともっと世の中には目立たないけれども良い行いをしている人たちはいます。これらは皆人間力発揮の初歩の初歩ですが、とても大切なことなんです。皆、正の人間力です。

前述したように、人間力には正と負と普通の3通りがあって正の人間力を育成することはとてもとても大切なことなんですが、実は負の人間力を是正することのほうが世の中を良くするには大切かもしれません。負の人間力の章で書きましたように、負の人間力は人の欲と得、自己中心的行動が原因の場合が多いのです。言ってみれば心の贅肉《ぜいにく》のつきすぎということで、心のメタボなんです。ご存じのように心は心臓のことではなく脳です。人間皆、脳あっての存在ですが、いつからこの脳がおかしくなるのでしょう。生まれた時人間は皆無垢《むく》で、何も悪いことを考えたりしたりしませんが、いつの間にか悪いことを考えたりしたりします。心理学的にはいろいろ分析されて対処法もいろいろ考えられているようですが、決して良くはなりません。それどころか年々、月々、日々、悪化の一途をたどっています。悪の道へ突き進んでいく人には悩みとか嫉妬《しっと》とか自己喪失とかいろいろと理由があると思いますが、同情はできません。心の病をなくそうというセラピーなどもあるようですが、治る人よりかかる人の方が多くなったり、心の病のふりをして悪事を働く人さえ出てきています。悲しいことですが現実です。

もちろん殺人や暴行、テロ、セクハラなど犯罪となれば警察も出てきて是正が行われますが、ここまで負の人間力の発揮の事件が起きていると全てに目がいかなくなると思います。本来警察は刑事が机の前であくびしたり居眠りをする社会が目標なのですが、現実には警察官は足りないくらい犯罪が起きています。もちろん犯罪だけが負の人間力ではなく人と人がいる限り、ある人がある人の対応によって人間力の発揮の仕方が異なります。

私たちはともすれば他人に自分を認めてくれていいことを言ってもらい、やってくれると信じています。そして、大方の人間はこの方向で人生を歩んでいます。これを普通の人間力と名付けるとしますと、正の人間力はそれ以上、困っている人を助けるとか社会が必要としていることに積極的に参加するとか、お金の余裕があれば寄付をするとか、生まれ故郷の役に立つとかいうことをやる人はたくさんいます。ですから正の人間力を一人でも多くの人が実行してくれると社会はものすごく明るくなり、住み良い社会になると思うのですが、現実はなかなかうまくいかないものです。

そのため少しでも良い方向に向かって人々が生きていってほしいと願い、教育があるのです。しかし、教育の現場ではいじめやシカト、果ては教員による女子更衣室の覗《のぞ》き見からはじまって飲酒運転、セクハラ、パワハラなどあるまじき負の人間力発揮があります。「教師だって人間、たまには悪いことをすることもあるさ」とうそぶく評論家もいますが、教育者とか代議士とか役人は絶対やってはならないのです。それが義務なんです。そういうことが少しでも心の中にある人はそういう職についてはならないのです。

しかし、オウム真理教の信者のように、自分ではいいことをしていると誤った価値観を持った人はどうやって是正すればいいのか分りません。「そういう人はマインドコントロールされているのだ」と断じる評論家がいますが、「それではどうやって直すの」

と聞いてもその是正については何も提案がありません。無責任極まりない人たちといえます。

私が人間力に着目し、『ひとのちから』（平成13年、麗澤大学出版会刊行）を刊行してはや16年が経《た》ちました。その時の日本は今ほど人間力の低下がひどくはなく、むしろ日本人に元気を出してほしいと思い、元気になるにはどうしたらいいかについて書いたのです。趣旨は、「落ち込む暇があるなら這《は》い上がれ」ということです。私がどういうふうにしてエジプト考古学者として世界で認められるようになったのかを書きました。ですから未来に夢がありました。その時は負の人間力なんて考えませんでした。しかし、今はもうひどすぎます。しかし、一般的には自然災害の怖さを感じ、その対策には目を向けていますが、いちばん大切な人間社会のことには目を向けず、日々の事件にため息をついているだけです。すなわち自分事ではなく、人ごとなんです。しかし、それがいつ自分に降りかかってくるか分らないのは自然災害と同じであることを理解していないのです。それでいいのでしょうか。いやいけないのです。

ここで私はやむにやまれず、正の人間力回復をしようといくつかの提案をしました。そして歴史的に人間は正の人間力を社会で培う努力をしてきました。しかし時代が進む

とともに人間はひたすら悪い方向、つまり負の人間力を発揮するようになってきていま
す。もし神様がこのことを本当に憂いてくださるなら、ぜひ負の人間力を持った人たち
をやっつけていただきたいと思っています。世の中には犯罪まで至っていない負の人間
力の人が溢《あふ》れています。それも含めて神様にお願いしたいと思っています。

【参考文献】

岩波書店編集部編『岩波西洋人名辞典　増補版』岩波書店　1981年
金谷治訳注『論語』岩波文庫　1999年
杉勇・三笠宮崇仁編『古代オリエント集』筑摩書房　1978年
竹内照夫『四書五経入門』平凡社ライブラリー　2000年
東日本国際大学東洋思想研究所編『人間力とは何か――3・11を超えて』論創社　2016年
緑川浩司『論語の力』財界21　2016年
宮澤賢治『新校　本宮澤賢治全集』第十三巻（上）覚書・手帳　本文篇　筑摩書房　1997年
吉村作治『ひとのちから』麗澤大学出版会　2001年
吉村作治『父の遺した言葉』ポプラ社　2003年
吉村作治『運命を味方にする生き方』海竜社　2013年

おわりに

私は今、学校法人昌平黌東日本国際大学の学長を務めさせていただいております。ご存じのように、本学建学の精神は儒学です。そして法人内に東洋思想研究所を有し、私もその研究員の一人です。本研究所は研究員が研究するだけでなく、発表の場として研究会、例会、論語塾、昌平塾などが設けられ、教育の場でも必修科目として「論語を学ぶ」と「人間力の育成」があります。

そうした環境の中で、私は何をすべきかを考えました。それぞれに関わる資格として、古代エジプトの宗教、ユダヤ教・キリスト教・イスラム教を若い時から学び、比較宗教学、地域文化論として研究・調査をしてきた経験があります。特にキリスト教については作家の曽野綾子先生とパウロの道、キリストが歩んだ道、天正遣欧使節団が歩んだ道などを調査したり、イスラム教についてはこれまで2回のハッジ（巡礼）をしたりイスラムの聖地のほとんどを調査しました。そういう中で、宗教の素晴らしさ、すごさなどを感じてきましたが、すべての宗教の肝は「中庸《ちゅうよう》」であることに気が付きました。

60歳を越してから入門した儒学の世界ですが、10年学び続けて、やはり肝は「中庸」であると気が付いたのです。

一方、15年前に『ひとのちから』という本を出しました。それは、バブルがはじけて少し弱気になっていた日本人を励ます意図で出したのですが、今回は違います。失いかけた人間力を日本人に取りもどしてもらうつもりで書きました。この思いはもしかすると今は通じないかもしれませんが、言い続けようと思っています。例えば、ある時、小学生に講演しました。「日本の祭り」の話でしたが、ある生徒が、途中であくびをしたり席を立ったりした揚げ句に「つまんないなあ。いつ終わるの」と私に言うのです。もちろん、ほとんどの子供たちは黙って聞いていましたが、こういう子がいること自体、その子たちを教えた教師の質を問いたくなります。結局、大人がしっかりしていないからなんです。

本書はかなり独自の考えに基づいての論が多かったと思いますが、このくらいの表現でもピンとこないところまで今の日本人は来ています。今後、人間力回復を少なくとも私の所属している大学教育の場で生かしていきたいと思っています。

平成二十八年十月吉日

吉村作治（よしむら・さくじ）
1943年東京生まれ。東日本国際大学学長・教授。早稲田大学名誉教授。工学博士(早大)。エジプト考古学者。1966年アジア初のエジプト調査隊を組織し、約半世紀にわたり発掘調査を継続。古代エジプト最古の大型木造船「第２の太陽の船」を発掘・復原するプロジェクトが進行中。2016年から大ピラミッド建造者クフ王の王墓探査計画を開始。またeラーニングによる新しい教育システムの制作と普及、日本の祭りのアーカイブに奮闘中。主な著書『吉村作治の古代エジプト講義録』(講談社)、『マンガでわかるイスラムvs.ユダヤ中東3000年の歴史』（CCCメディアハウス)、『人間の目利き　アラブから学ぶ「人生の読み手」になる方法』（講談社)、『ひとのちから』（麗澤大学出版会)、『運命を味方にする生き方』（海竜社)、『エジプトに夢を掘る』（日本実業出版社）他多数。公式ＨＰ『吉村作治のエジプトピア』http://www.egypt.co.jp

人間力回復宣言

2017年３月27日　初版第１刷発行

著　者　吉村作治

発行所　昌平黌出版会

〒970-8023 福島県いわき市平鎌田字寿金沢37

tel. 0246（21）1662　fax. 0246（41）7006

発売所　論 創 社

〒101-0051 東京都千代田区神田神保町 2-23　北井ビル

tel. 03（3264）5254　fax. 03（3264）5232　web. http://www.ronso.co.jp/

振替口座　00160-1-155266

印刷・製本／中央精版印刷　装幀／宗利淳一＋田中奈緒子

ISBN978-4-8460-1600-5